Kolofon

©Mathias Jansson (2015)

"Från Riga till Prag. Resereportage om konst och kultur"

ISBN 978-91-86915-27-8

Utgiven av:

"jag behöver inget förlag"
c/o Mathias Jansson
Tvärvägen 23
232 52 Åkarp
http://mathiasjansson72.blogspot.se/

Tryckt:Lulu.com

Omslag: Utsikt från slottet vid Český Krumlov. Foto: Mathias Jansson

Artiklarna har tidigare varit publicerade i Tidningen Kulturen.

Innehåll

Barockteatern i Cesky Krumlov 3
Fotoskatten på Josef Seidels vind 7
Egon Schiele bortjagad från sitt sommarhus 10
Luxemburg med ett leende av museum 13
Bland jättar och hjältar i Belfast 19
Längs Nordirlands slingrande kustvägar 23
Triennalen i Brygge 2015: När små städer blir stora 27
Möt konstvåren i Bryssel 35
Mer än Manifesta i Belgien 39
TRACK i Gent 44
Tvål, ljus och oljemålningar i C.D. Friedrichs barndomshem .. 50
En het konstsommar i Hamburg 53
Reformvänlig munk söker nunna för äktenskap 59
Månskensstråk över svenska Pommern 64
Ruhr där man odlar kol 67
Ett hjärtslag för konsten i Riga 71
Rotlöst i Riga 75
Från Warszawa med kärlek 78
Vem är rädd för Sankt Sebastian? 81
Arkitekturen i Rotterdam 85
Astrup Fearnley museet öppnar 88
En obelisk vid Ångermanälvens strand 91

SEPTEMBER 2015

Barockteatern i Cesky Krumlov

När man närmar sig slottet i Český Krumlov passerar man över en bro och där under kan man få en skymt av Katerina, Vok och Marie Therize, slottets egna tre brunbjörnar. Att hålla björnar i slottet är en tradition som går tillbaka till 1600-talet och är ett bevis på den Rosenbergska släktens fåfänga. Deras vapensköld bestod av en fembladig ros men man lade sedan till en björn. Björnen var hämtade från den italienska adelsfamiljen Orsini som man med lite kreativ släktforskning ansåg att man var släkt med för att förbättra sin position i Europas adelskalender.

Staden Český Krumlov ligger i södra Tjeckien och är upptagen på UNESCOs världsarvslista för sin välbevarade stadskärna och sitt slott. Vakande över staden hittar man nämligen Tjeckiens näst största slott. Det är bara slottet i Prag som är större vilket visar på den rikedom och makt som området historiskt har haft. Slottet Český Krumlov kan dateras tillbaka till 1200-talet men det var under 1600-talet som den stora expansionen skedde under ledning av den mäktiga släkten Rosenberg.

Slottet har fem innergårdar och i slutet av den sista hittar man en fantastisk barockteater. Teaterbyggnaden fick sin permanenta utformning 1682 av familjen Eggenberg, som övertog slottet när den rosenbergska släkten dog ut. Teatern betraktas som den bäst välbevarade barockteatern i Europa och det är bara Drottningholms slottsteater som kommer i närheten när det gäller autenticitet från samma period.

Drottningholms slottsteater uppförde 1754 men brann ner 1762. Slottsteatern i Český Krumlov är alltså äldre men teatern i Český Krumlov genomgick en omfatande modernisering 1765-66 av slottets tredje ägare familjen Schwarzenberg. Den nya Drottningholmsteatern som ritades av den berömda svenska arkitekten Carl Fredrik Adelcrantz stod klar 1766 så tidsmässigt när det gäller scenteknik är de bägge teatrarna från samma ålder.

Familjen Schwarzenberg anlitade experter från Wien för att modernisera teatern. Lorenz Makh stod bakom den avancerade scentekniken som gör det möjligt att skapa snabba scenbyten. Det tar runt 10-15 sekunder att byta en scenuppsättning mitt under pågående föreställning. Under och ovanför scenen finns ett avancerat myller av rep som kopplas ihop till det centrala gångspelet som med handkraft gör det möjligt att växla snabbt mellan olika förberedda kulisser. Inspirationen till kulissmaskineriet kommer bland annat från de stora segelskeppens riggning av master. Till detta tillkommer tre falluckor där skådespelarna med hjälp av vikter kan hissas upp eller ner från scenen. På Drottningholms slottsteater var det Donato Stopani som stod för scenmaskineriet som i stort följer samma principer som i Krumlov. På de bägge teatrarna finns även olika effektmaskiner för att skapa intryck av åska, regn och vind. Ljussättning, flygande skådespelare och explosioner förekom också. Den barocka teatern var ofta ett spektakulärt skådespel och en fantasifylld upplevelse för publiken.

När det gäller dekoren så fick konstnärerna Hans Wetschel and Leo Märkl från Wien i uppdrag att skapa kulisser samt salongens utsmyckningar som den stora plafondmålningen i taket. Det finns hela tretton stycken scenuppsättningar i barock stil kvar vilket är unikt. På Drottningholm är dekoren av senare ålder, den är från 1780 och uppvisar redan drag av nyklassicism. Det är därför rimligt att säga att teatern i Český Krumlov är den bäst välbevarade barockteatern i Europa.

En anledning till att teatern i Krumlov är så välbevarad är att familjen Schwarzenbergs inte använde slottet eller teatern så mycket och teatern därför aldrig genomgick någon modernisering. Slottet övertogs 1947 av den tjeckiska staten och mellan 1966 och 1997 var det stängt för en genomgående restauration. Idag fungerar teatern som ett museum. På grund av den känsliga miljön arrangeras bara tre föreställningar per år, varav två är öppna för allmänheten. Det ska jämföras med Drottningholms slottsteater som används mer som en levande teaterscen. I bägge fallen får besökaren göra en tidsresa och färdas flera hundra år tillbaka i tiden och uppleva en teaterbyggnad med tidsenlig dekor och scenteknik.

Det unika med Krumlovteatern är att det också finns ett stort kostymförråd bevarat från tiden. Kostymerna är tyvärr inte tillgängliga för allmänheten men man kan däremot besöka

Maskeradsalen som är slottets stora festsal. Rummet är utformat i rokokostil och här har konstnären Josef Lederer, också från Wien, prytt salens väggar med ett myller av människor. Här blandas kändisar från den samtida aristokratin med exotiska gestalter från olika länder som Turkiet, Kina och Afrika. Att rummet kallas Maskeradsalen beror på att det som utspelar sig på väggarna är som en teaterscen, fylld med olika intriger och situationer mellan de olika karaktärerna. Bland alla dessa utklädda karaktärer hittar man också några av teaterns många kostymer som den tvådelade natt och dag kostymen eller en annan tvådelad kostym som gör det möjligt för skådespelaren att spela både man och kvinna beroende på vilken sida hen vänder mot publiken.

Att fest och skådespel stod högt på slottets agenda vittnar både teatern och Maskeradsalen om. Båda är fascinerande besöksmål och bara dem värda ett besök i Český Krumlov. För den som verkligen vill njuta att barockteaterns fulla glans han ska försöka skaffa sig en biljett till en av de exklusiva föreställningarna som äger rum varje år. Även om jag förmodar att det är svårare än en utsåld rockkonsert.

SEPTEMBER 2015

Fotoskatten på Josef Seidels vind

När man kliver in på den mörka vinden till Josef Seidels fotostudio på Lineckagatan 272 i Český Krumlov så upplever man samma känsla som när denna fantastiska fotoskatt hittades. Längs väggar och golv är askar staplade i högar. Askar som innehåller glasplattor med negativ. Sammanlagt hittade man runt 140000 glasplattor och fotonegativ som tillsammans skildrar drygt fyrtio års fotohistoria från 1905 till 1949 när huset fungerade som fotostudio.

Josef Seidel föddes 1859 och efter en fotografisk utbildning kom han att bosätta sig i den tjeckiska staden Český Krumlov 1888 där han började sin karriär som fotograf. Precis som många andra fotografer under den här tiden förtjänade han sitt levebröd på porträttbilder av lokalbefolkningen. En annan viktig inkomstkälla blev turistindustrin för vilken han skapade vykortsmotiv från staden och omgivningen. Seidel var ganska framåt när det gällde att hitta nya vykortsmotiv och han cyklade, åkte skidor och skaffa sig till och med en motorcykel för att kunna ta sig till nya intressanta platser. Han var också tidigt ute med att experimentera med panoramabilder och autochroma fotografier som var en tidig föregångare till färgfotot. Seidel blev med tiden en framgångsrik fotograf i Sydböhmen och fick under sin livstid ett rykte som en duktig fotograf med stor teknisk skicklighet.

När Josefs dog 1935 övertog hans son Frantisek driften av fotoateljén men tvingades stänga verksamheten 1949 när det tjeckoslovakiska kommunistpartiet tog makten i landet och gjorde det omöjligt att driva fotostudion som ett privat företag. En del av vykortssamlingen beslagtogs av staten som sedan gav ut motiven på ett eget förlag. Fotostudions verksamhet och alla negativ låg därför och slumrade orörda fram till 2006 då fotoskatten upptäcktes och en omfattande restaurering och inventering av samlingen började. 2008 öppnade huset igen nu som ett museum för allmänheten.

Det unika med Seidels fotoateljé är inte bara den omfattande samlingen av negativ, fotografier och vykort utan den tillhörande detaljerade dokumentationen med namn på motiv, beställare, plats, och datum som finns prydligt nedtecknad i kataloger. Stora delar av själva fotostudion, med teknisk utrustning finns också bevarad och efter den rekonstruktion som man gjorde mellan 2006-2008 räknas Seidel fotoateljé idag som en av de mesta kompletta fotoateljéerna i Europa från början av 1900-talet. Den som besöker Lineckagatan 272 kommer därför att hitta ett tidstypiskt framkallningsrum och en fotoateljé med stora ateljéfönster, kameror och olika bakgrunder som användes för porträttfotografering.

Förutom den autentiska miljön utgör Seidels fotosamling en unik sammanhållen kulturskatt som skildrar den sydböhmiska befolkningen och dess omgivningar i början av 1900-talet. Ett stort digitaliseringsprojekt har gjort det möjligt att söka i en databas med fotografierna på nätet. Den utförliga dokumentationen har underlättat för människor som söker efter bilder av släktingar från trakten att hitta dem i samlingen. Josef Seidels fotografiska gärning lever än idag och när du går upp på den mörka vinden kommer du att förstå omfattningen av hans livsverk.

SEPTEMBER 2015

Egon Schiele bortjagad från sitt sommarhus

Egon Schiele bodde bara några veckor under somrarna 1910-11 i ett litet trädgårdhus i Český Krumlov i södra Tjeckien fem mil från den Österrikiska gränsen. Två somrar räckte för de prövade innevånarna innan han blev tvungen att lämna staden. Schiele som föddes i Wien 1890 och som studerade under Gustav Klimt var på väg att få sitt konstnärliga genombrott. 1910 hade varit ett intensivt och framgångsrikt år och Schiele hade arbetat sig fram till en självständig konstnärlig röst. Trött på Wien beslöt han sig för att dra sig undan till den tjeckiska staden Český Krumlov som låg honom varmt om hjärtat eftersom det var hans mors hemstad. Med sig hade han sin unga flickvän och favoritmodell Wally Neuzil. Konstnärskollegorna Erwin Osen and Anton Peschka befann sig också i staden så allt var egentligen bäddat för en underbar sommar och en nystart för Schiele.

Idag är det lilla huset ett museum. Det ligger pittoreskt lite avskilt vid floden Vltava som glittrande slingrar sig förbi ett stenkast från huset. Platsen är romantisk och verkar perfekt för att tillbringa sommaren på, men så romantiskt var det nog inte när Schiele bodde här. Tvärtom, området låg i periferin av staden och utanför huset övade stadens skyttegille prickskytte. När man idag kliver in i bottenvåningen på det nyrenoverade huset kommer man till en liten reception och på andra våningen hittar man det rum där Schiele sov, åt och arbetade. Han hade själv designat interiören, sängen, bordet, stolarna och staffliet är enkla och gjorda i svart trä. Rummets väggar är prydda med reproduktioner av hans stadsmotiv, men inte så många nakenstudier som de flesta annars förknippar med hans konstnärskap. Schiele betraktas som en av konstens "bad boy". Han hade en förkärlek för att måla av unga flickor i erotiska positioner och när det kom ut att han anlitade unga flickor från staden som nakenmodeller blev det för mycket för den stillsamma ortsbefolkningen. Det gick kanske för sig i en storstad som Wien men här ute på den tjeckiska landsbygden var det något helt annat.

Man ska nu kanske inte beskylla befolkningen i Český Krumlov för att vara trångsynta. Året efter hamnade Schiele nämligen i en riktig skandal. Hans ateljé i Wien blev ett tillhåll för unga kriminella och hans livsstil orsakade en hel del uppmärksamhet även för luttrade wienbor. Inte blev det bättre av att han arresterades för att ha förfört en ung flicka och vid en husrannsakan beslagtog polisen över hundra teckningar som ansåg som pornografiska. Det hela slutade med en månad i fängelse för Schiele.

När Schiele befinner i det lilla huset i Český Krumlov är han fortfarande ovetande om sin framtid. Det var nu inte bara nakenmodellerna som lockade Schiele till Český Krumlov utan även möjligheten att vara ute och måla av omgivningarna. Under sin tid i staden skapade han några mycket spännande stadsbilder. Hans målningar av staden bär hans karaktäristiska linjer och det verkar som om målningarna är uppbyggda av olika färgfält som tillsammans skapar en organisk bild med Schieles karaktäristiska perspektiv. Den medeltida stadens sneda, vindlande gator och varierande arkitektur verkar som klippt och skuren för Schiele konstnärliga stil.

Schiele är stadens mest berömda konstnär. Förutom hans sommarbostad som nu är museum har ett gammalt ölbryggeri gjorts om så det idag inhyser Egon Schiele Art Centrum. Här kan besökarna se en permanent utställning om Schieles liv och några av hans verk, bland annat hans stadsmotiv. I de andra våningsplanen visas flera tillfälliga utställningar med olika konstnärer. För att vara en så pass liten stad är det en imponerande utställningsyta (3000 m2) som man har till sitt förfogande. Den som besöker Český Krumlov ska därför ta tillfället i akt att uppleva, förutom Schieleutställningen, all annan spännande konst som Egon Schiele Art Centrum bjuder på.

Schiele hör till den typen av konstnärer som brann klart men snabbt på den stora konsthimlen. 1918 avlider Schiele endast 28 år gammal av Spanska influensan som vid den här tiden skördade miljontals liv ute i Europa. Några dagar tidigare har hans fru Edith, havande med deras barn, också strukit med. När man står ute i solen vid Schieles sommarbostad och ser ut över floden Vltava som stilla flyter förbi mellan träden verkar allt detta så långt borta. Man har en känsla att det nog ändå var en positiv tid som Schiele fick uppleva under sina två somrar i Český Krumlov.

MAJ 2015

Luxemburg med ett leende av museum

Det lilla slottet, så kan man översätta namnet Luxemburg, och det är också där du ska börja ditt besök i staden. Du ska bege dig till klippan strax utanför stadens centrum där greve Siegfried år 963 lät bygga ett slott som blev grunden för landet Luxemburg. Slottet finns inte kvar utan ersattes med ett fort vars murar och försvarsverk bara blev tjockare och tjockare med åren tills staden blev nästan ointagligt. Det enda sättet för fienden att erövra staden var att försöka svälta ut soldaterna och innevånarna. Genom ett fördrag år 1867 beslöt man därför att avveckla Luxemburg som militäranläggning och nästan 90 % av försvarsmurarna revs. Trots det kommer du som besökare att uppleva staden som befäst. Staden ligger nämligen strategiskt placerad upp på en klippa och runt omkring slingrar sig floden Uelzecht nere i de branta och grönskande dalarna.

På Bockklippan, så kallas idag platsen där Siegfried byggde sitt slott, grävde sig soldaterna ner i berget och skapade kilometerlånga casemates, som är befästa gångar för artilleri. Vid avväpningen av staden tänkte man först spränga hela klippan i luften men risken att staden skulle skadas var för stor, så det fick vara. Det är som om fortets struktur och historia fortfarande biter sig fast och i en slags symbios sträcker sina gångar långt in under staden och skulle man rycka bort de sista bitarna av fortet så skulle staden kollapsa. Att Bockklippan och andra delar av fortet finns kvar är tur för dagens turister. Man har inte bara möjlighet att besöka stadens födelseplats utan man kan även bege sig ner i klippans tunnlar som bryts upp av öppningar där kanonerna var placerade en gång i tiden. Det är lite som att gå omkring nere på ett mörkt kanondäck på ett sjörövarfartyg, men istället för havet så möts du av en fantastisk utsikt över omgivningen.

Idag har Luxemburg ingen krigsmakt att räkna med, man är visserligen med i NATO, men landets armé är obetydlig. Istället har landet blivit känt som en av de städer, förutom Bryssel och Strassburg där du hittar EU:s administration och såklart som ett av världens största finanscentra. Man har även ambitionen att utveckla stadens profil och försöka därför lyfta fram stadens museum. Det gör man genom begreppet *Museumsmile* som är en ordlek med det engelska orden mile och smile. Längs en sträcka på ungefär en engelsk mile hittar man sju museer i huvudstaden som när det knyts ihop bildar ett leende. Det som är lite typiskt för museerna i Luxemburg är att nästan alla återfinns i gamla byggnader och även ett helt nybyggt museum som MUDAM (Museum för modern konst) är placerat mitt i ett gammalt fort. Historien är viktig för staden så därför finns det också många historiska museer. Stadsmuseet ligger inte så långt från Bockklippan och är delvis uppbyggt av delar från andra gamla byggnader så det är inte bara samlingarna utan även byggnaden som är kronologiskt utformad. Man kan ta den minst sagt imponerande hissen, som till storleken är som ett studentrum och åka från botten av museet till toppen och göra en tidsresa genom stadens historiska lager. Mitt inne i staden ligger Nationalmuseet med utställningar som visar resten av landets historia. Byggnaden är visserligen ny men man har grävt sig ner flera våningar under marken och låtit gamla murar blivit en integrerad del av den nya byggnaden. Det verkar hela tiden pågå en dialog i staden mellan det gamla och det nya som flätas in i varandra som oåtskiljbara syskon. Längs ner i tidslagret på Nationalmuseet hittar man en välbevarad romersk mosaik med motiv av de sju Museerna. Mosaiken hittades vid utgrävningar vid byn Vichten och är bara ett av många exempel på hur andra nationer under historien har styrt och påverkat Luxemburgs historia.

Denna historiska mångfald har satt sina spår. Luxemburg har idag tre officiella språk: Luxemburgiska, franska och tyska. Nästan 45% av befolkningen består av invandrare från närbelägna länder som Portugal, Italien, Frankrike, Belgien och Tyskland. Så trots sin lilla yta är landet som ett minieuropa där olika språk och kultur har blandas under århundraden.

Det tredje historiska museet, Dräi Eechelen hittar man inrymt i det restaurerade fortet Thüngen uppe vid Kirchberg. Man når Kirchberg med buss, det är bara ett par hållplatser från stadens centrum, men den som är utrustad med hyfsad kondition rekommenderas att vandra upp till ännu en av stadens fortifikationer. Bra skor och en vattenflaska gör förstås promenaden lättare. Man krossar floden Uelzecht över en gammal bro och följer den slingande branta stigen genom en grönskande skog fylld av fågelkvitter. Det känns som om man är ute och vandrar lång från civilisationen och längs vägen dyker det upp murar från gamla försvarsanläggningar. Det bär brant uppåt på slingrande serpentinstigar tills man når toppen och en hisnande utsikt över Pfaffenthal, Bockklippan och stadens centrum och man inser än en gång hur svårt det måste ha varit att försöka inta staden när den var riktigt befäst. Museet Dräi Eechelen som ligger i ett gammalt fort beskriver historiken bakom forten och försvarsanläggningar i staden. Museet bjuder även besökaren på en underjordisk tunnelupplevelse.

I Luxemburgs integreras historien hela tiden med samtiden och ett perfekt exempel på det är MUDAM (Museet för modern konst) som är byggt mitt i den gamla försvarsanläggningen. Det är den berömda kines-amerikanska arkitekten I.M. Pei som bland annat skapat glaspyramiden vid Louvren som byggt museet som invigdes 2006. Pei har hämtat upp formelement från fortet men istället för de ogenomträngliga murarna består fasaden istället av stora glaspartier som ger ett mer välkomnade intryck. MUDAM fungerar också som en övergång mellan det gamla och nya Luxemburg.

Området Kirschberg började bebyggas först under 1960-talet och har därför en helt annan karaktär än stadens centrum. Skyskrapor i glas dominera skylinen där många av EU:s administrativa byggnader är belägna. Här hittar man också Europatorget. På torget har man planterat rader av träd som ser nästan miniatyrlika ut i skuggan av de höga skyskraporna. Vid roten av trädet hitta man inhugget i sten namnet på EU:s medlemsländer och det år som landet blev medlem. Luxemburg som tillhör grundarna av EU blev medlem redan 1958 medan nedanför Sveriges träd står det 1995.

Kirschberg har också utvecklat sig till ett kulturellt centrum. Förutom MUDAM finns även vid Europatorget konserthuset Philharmonie Luxembourg ritat av den franska arkitekten Christian de Portzamparc och invigt 2005. Skogen har varit en inspirationskälla för Portzamparc vilket märks genom de talrika höga pelarkolonner som utgör själva fasaden till byggnaden. När solen lyser genom fasaden skapas i foajén ett skuggspel som påminner om trädstammars skuggor. Det finns en dynamisk rörelse i hela byggnaden och när man kommer in i foajén märker man att golvet lutar vilket förstärker känsla av det går en vågrörelse genom hela huset. Interiören är modernistisk med vita pelare, glaspartier och en gångbro av rå cement som leder till logerna inne i konsertsalen. När man kliver in i konsertsalen möts man dock av en oväntad kontrast. Här har en italiensk piazza varit förebild. Logerna ser ut som balkonger på hus och väggarna påminner om husfasader av tegel. Om exteriören är ljus och öppen så är interiören desto mörkare och mer sluten. Philharmonie är ett hus fullt med liv och ett fullspäckat konsertprogram. Förutom klassisk musik och rockkonserter arrangerar man varje år som säsongavslutning ett stort party där olika kända DJ:s spelar ute i den imponerande foajén. Det finns planer på att ytterligare stärka Kirschberg som ett kulturellt centrum genom att bygga ett nytt nationalbibliotek i området kring Europatorget.

För den som är intresserad av konst finns det ytterligare två konstmuseer värt att besöka under vistelsen i Luxemburg. Villa Vauban ligger bara någon hållplats från Kirchberg i en av Luxemburgs vackra parker. Museet är inrymt i en neoklassisk privatvilla från 1800-talet med konstsamlingar från 1700- och 1800-talet som donerats till staden av privatpersoner som bankiren Jean-Pierre Pescatore. I museet hittar man en del konsthistoriskt intressanta verk av Jan Steen, Bruegel, Eugène Delacroix och Gustave Courbet. För den som är intresserad av samtidskonst rekommenderas däremot ett besök på Casino Luxemburg som trots sitt namn inte är ett casino utan en konsthall för samtidskonst. Det var under det europiska kulturhuvudstadsåret 1995 som konsthallen startades och har sedan dess varit den självklara ledstjärnan när det gäller samtidskonst i Luxemburg. Även om du inte kan spela Black Jack på Casino så kan du ändå passa på att känna dig som en kung genom att gå ut på den nybyggda "kungliga" balkongen och vinka till människorna nere på gatan eller rättare sagt känna dig som en hertig för Luxemburg är ju ett hertigdöme.

APRIL 2015

Bland jättar och hjältar i Belfast

Från Belfast centrum ser man den sovande jätten. Det är berget Cavehill som liknar en sovande jätte och som ska ha inspirerat Jonathan Swift när han skrev om resan till jättelandet Brobdingnag i boken *Gullivers resor*. Swift bodde vid tidpunkten vid Lilliput Cottage i Belfast och här hittar vi också namnet på en annan av bokens fantasifulla länder. Belfast i sig själv är nu inte en speciellt fantasifull stad. Det är en utpräglad industristad där skepps-, tobak- och textilindustrier länge dominerade stadsbilden.

Smeknamnet Linenopolis berättar att linneproduktionen under 1800-talet gjorde staden känd för omvärlden. I slutet av 1900-talet fick staden en stämpel som våldsam med återkommande sammandrabbningar mellan olika politiska grupper där de militanta IRA var mest fruktade. Idag verkar det ligga ett lugn över staden. Den känns trygg och välkomnande för besökarna. Många byggnader i staden uppfördes under den viktorianska tiden som stadshuset, de gamla varuhusen och bankerna och så klart klockpelaren rest till prins Alberts minne.

En viktoriansk gaslampa på Campbell College utanför centrum har också spelat en viktig roll för litteraturen. Författaren C.S Lewis som föddes i Belfast såg lyktan när han studerade på Campbell College. Den sägs ha inspirerat honom när han i vuxen ålder skrev bokserien om Narnia. Det första som besökarna till landet Narnia möter är nämligen en ensam viktoriansk gatlykta som lyser upp den snötäckta skogen.

Det finns inte så många moderna glasbyggnader i Belfast. Glaskupolen över Victoria shoppingcenter är ett av få undantag. Förutom att täcka över innergården ger den också besökarna möjlighet att gå upp i kupolen och ta del av utsikten över staden. Härifrån kan man se Obel Tower som reser sig över omgivningen. Byggnaden är inte bara Belfast utan även Irlands högsta hus. Med sina blygsamma 85 meter får den dock anses som en liliput när det gäller skyskrapor i ett internationellt sammanhang. Det är dock en fördel med Belfast att man lyckats hållit ihop staden och än så länge inte låtit höga glaspelare dominera stadsbilden som så många andra platser i världen.

Kanske är det stadens lite tråkiga vanlighet som gjort att den blivit till ett centrum för dagens fantasyndustri. En av de riktigt stora fantasyserierna *Game of Thrones* spelas nämligen in i Belfast och dess omgivningar. Nordirlands orörda natur som inte bryts sönder av moderna hus, vindkraftverk och kraftledningar gör att man lätt kan förflytta sig tillbaka i tiden utan dyra specialeffekter eller kulissbyggen. Inte långt från Belfast ligger Castle Ward som i serien blivit en del av Winterfell hemort för familjen Stark. Castle Ward har nyligen också varit inspelningsplats för den kommande TV-serien *The Frankenstein Chronicles*. För *Game of Thrones* fans finns det förstås flera möjligheter att följa med på bussturer till olika inspelningsplatser eller som på Castle Ward själv prova på att spela lite roll-spel i *Games of Thrones*-anda och klä upp sig i kostymer från familjen Stark och prova på bågskytte. Inomhusscenerna till *Games of Thrones* spelas däremot in i Titanic-studios bara några hundrameter från den plats där skeppet Titanic byggdes.

Titanicmuseet invigdes 2012 och är ritat av arkitekten Eric Kuhne. Byggnaden hör till de mest spännande av Belfast nyare arkitektur. Det är en byggnad som består av fyra fartygsstävar som är uppbyggda av rektangulära silverplåtar som skapar ett dynamiskt intryck i fasaden. Ytan påminner lite om reflexer som bildas när solen leker i vattenytan. Museet har fått samma höjd som Titanic och ligger på platsen där Titanic byggdes. Det finns fyra ingångar som pekar åt var sitt väderstreck och från luften påminner byggnaden om en kompassros. Mitt i entréhallen hittar man också en kompassros i golvet. Medan utsidan är ljus så är interiören betydligt mörkare i svart eller täckt med plåtar med rostbruna mönster som en påminnelse om Titanics tragiska öde.

Museet tillhör den nya generation av museum där man satsat på interaktivitet i form av ljud, video och pekskärmar. Det finns också en åkattraktion som tar med dig på en resa genom en uppbyggd version av skeppsvarvet och som visar hur Titanic byggdes. Man är glad att man inte jobbade med att nita fast alla plåtarna i skeppet. Ett tungt och högljutt arbete som garanterat skadade hörseln. Den romantiska storfilmen *Titanic* från 1997 har definitivt haft en stor betydelse för att göra museet till en av Belfast mest besökta turistattraktioner. Framför museet hittar man skulpturen *Titanica* av Rowan Gillespies som visar en ung naken kvinna som lutar sig fram och sträcker ut sina armar. Ett motiv som hämtat ur filmen *Titanic* där Leonardo DiCaprio i en romantisk nyckelscen håller fast Kate Winslet medan hon lutar sig fram i fören av skeppet.

Filmen *Titanic* är ännu ett exempel på hur den lite trista industristaden Belfast lyckats skapat bakgrunder till fantastiska berättelser som berör människor. Titanicmuseet får stå som ett bevis på att en traditionell industristad på ett framgångsrikt sätt kan växla om och bli en del av den framväxande nöjes- och upplevelseindustrin.

APRIL 2015

Längs Nordirlands slingrande kustvägar

Causeway Coast, kustvägen längs Nordirland anses som en av de vackraste vägarna i världen. Om man en solig dag i april följer den smala slingrande vägen längs kusten och på ena sidan ser havet skiftande i blått med siluetten av Skottland i horisonten och på den andra sidan de böljande gröna ängarna där får och lamm betar och där buskar med lysande gula blommor sprider ut sig som färgfläckar i ett idylliskt landskap, ja, då måste man hålla med om att det är vackert. Irlands poetiska landskap har inspirerat många författare och även frambringat två nobelprispoeter, nämligen Seamus Heaney och William Butler Yeats. Den senare firas och uppmärksammas speciellt i år eftersom det är 150 år sedan Yeats föddes.

Det är inte bara naturen som är sevärd längs kusten utan med jämna mellanrum stöter man på sevärdheter som byar, slott, ruiner och märkliga landformationer. Om man utgår från Belfast och styr norrut längs den östra kusten kommer man efter en stund till slottet Glenarm Castle. Här hittar man en av många "Walled Gardens" i Nordirland. Klimatet i Nordirland är gynnsamt för växter men genom att bygga en mur kring trädgården kunde man skapa ett ännu bättre växtklimat för trädgården. Bland fontäner, blomsterrabatter och häckar hittar man i trädgården en liten grön kulle som skämtsamt kallas "berget". Den är inte hög men tillräckligt för att man ska få en utsikt över murarna och i fyra väderstreck se små pittoreska vykortsbilder. Skogen, havet, ängen och slottet bakom de höga träden.

Det finns nu många gamla slott i England, Skottland och på Irland. En del ägs och drivs av "The national trust" medan andra som Glenarm fortfarande är i privat ägo. Att äga och driva ett slott är idag inte det enklaste. Det rör sig om stora fastigheter med stora driftskostnader och ett ständigt behov av renoveringar, samtidigt som byggnadens speciella historia och gamla föremål ska bevaras och restaureras för framtiden. För att få det att gå runt krävs i många fall en stor driftighet och företagsamhet. I Glentarm drar trädgården med olika teman publik och slottet som fortfarande används av familjen som bostad under vissa perioder av året, är under resten av året öppet för visningar för att förbättra ekonomin.

Fortsätter man norrut kommer man till den märkliga platsen Giant's Causeway. Det är ett område nere vid stranden som består av svarta stenar med märkligt formationer. De flesta av stenarna är formade som sexkanter och påminner om plattor som skulle kunna ligga på ett stort torg. Formationen har två förklaringar. Den naturvetenskapliga berättar om ett vulkanutbrott och en lavaström som stelnat på väg ner i havet. När lavan stelnade bildades symmetriska sprickor på samma sätt som när lera stelnar och spricker. Sprickorna är nu inte bara på ytan utan går djupt ner och det är egentligen frågan om en pelarskog av svarta basalstenar i form av hexagoner som bildar en "jätteväg". Detta ovanlig och jämna mönster i landskapet har naturligtvis satt igång fantasin och här kommer den andra förklaringen till Giant's Causeway in.

Den handlar om hur den irländska jätten Finn McCool tänkte utmana en skotsk jätte och därför byggde en väg av sten över havet till Skottland. När Finn kom till Skottland och fick syn på den andra jätten fick han dock kalla fötter eftersom den andra jätten var så mycket större. Han sprang hem till sin fru för att beklaga sig. Frun fann på goda råd och klädde ut Finn till en baby och lade honom i vaggan. Det dröjde inte länge innan den skottska jätten knackade på dörren i sin jakt på Finn. Frun öppnade dörren och bad jätten att vara lite tyst. För hennes man var ute och deras lilla barn låg och sov i vaggan. Den stolta modern visade sedan upp barnet för den skottska jätten som bleknade vid åsynen och lät meddela att han inte längre var intresserad av att slåss. Om Finns son var så stor då vågade han inte möta fadern. Den irländska jätten Finn har även fått inspirerat skandinavisk sagor som den om jätten Finn som byggde Lunds Domkyrka.

Inte lång från Giant's Causeway hittar man en annan av norra Irlands stora turistattraktioner nämligen ruinen efter Dunluce Castle som byggdes under 1500-talet. Det ligger strategiskt placerad på en klippa med branta stup och havet som skyddsbarriär. Det är lite kittlande att stirra ner från murkrönen ner mot havet som slår mot stranden. Även om det inte är så mycket kvar än ett trasigt skal av det ursprungliga slottet, eftersom man under flera perioder hämtat sten från slottet till andra byggprojekt i omgivningen, så det ändå tillräckligt för att man ska bli imponerad av byggnaden.

Tar man sig nedan ner för den branta sluttningen då kan man titta in i den grotta som havet har gröpt ut under klippan. På grund av säkerhetsrisken har allmänheten inte tillträde till grottan, men man kan höra och se hur havets vågor sveper in långt under slottet. Hela miljön runt Dunluce Castle väcker fantasin till liv och man undrar om det inte kan finns hemliga gångar och gömda skatter kvar inne i klippan efter forna slottsherrar. För Irland är trots allt en ö fylld av sagor, sägner och mystiska varelser som leprechaun och banshee. När man står där uppe vid Dunluce Castle och blickar ut över havet kommer man att tänka på några strofer från en mer samtida musikpoet från Irland, nämligen Van Morrison och låten "Into the mystic" som fångar mycket av platsens stämning:

"We were born before the wind
Also younger than the sun
Ere the bonnie boat was won as we sailed into the mystic
Hark, now hear the sailors cry
Smell the sea and feel the sky
Let your soul and spirit fly into the mystic"

JULI 2015

Triennalen i Brygge 2015: När små städer blir stora

På bara ett år har befolkningen i den belgiska staden Brygge växt från drygt 100 000 innevånare till närmare fem miljoner. Den rekordstora ökningen har satt myndigheterna under stor press. Hur ska man lyckas bevara den populära medeltida stadskärnan när det behövs nya bostäder, affärer, elnät och avlopp för att möta den stora inflyttningen?

Lugn, det har inte hänt på riktigt utan är bara ett scenario som är hämtat från konst- och arkitekturbiennalen som pågår i Brygge under 2015. Varje år besöker runt 5 miljoner turister Brygge. De vandrar omkring i den pittoreska medeltida stadskärnan, åker med turistbåtarna på kanalerna, dricker belgisk öl och äter choklad medan ett gemytligt hästhovsklapper hörs på kullerstensgatorna och klockspelen spelar i kyrktornen. De besöker förmodligen Michelangelos staty av *Madonnan med Jesusbarnet* i Vår frus kyrka.

Om du sett filmen *Monuments men* (2014), som handlar om en grupp amerikansk soldater som efter andra världskriget jagar rätt på konstskatter som nazisterna stal, då kommer du kanske ihåg en nyckelscen i filmen när gruppen beger sig till Brygge för att försöka rädda madonnan undan tyskarna. Tyskarna hinner nu före och fraktar statyn till Tyskland. Efter kriget hittas Bryggemadonnan i en saltgruva i Österrike tillsamman med tusentals andra konstföremål bland annat van Eycks berömda altarmålning *Tillbedjan av Guds lamm* som nu finns att beskåda i den belgiska staden Gent. Att tyskarna plundrade Belgien får man kanske ha en viss förståelse för. Här finns nämligen några av konsthistoriens mest vackra och bästa medeltida målningar. På Groening museum i Brygge hittar man flera konsthistoriska pärlor av konstnärer som van Eyck, Memling och Brueghels.

I Brygge är det nästan som om tiden har stannat. Det är den historiskt genuina miljön, arkitekturen och konsten som lockar turisterna till staden. Det har delvis blivit ett problem för dem som bor i staden. Staden har nämligen en restriktiv syn på förändringar och moderniseringar för att inte stadens historiska atmosfär ska gå förlorad. Man får till exempel inte sätta upp solpaneler eller göra andra förändringar av de gamla husen. Så om dessa miljontals turister beslöt sig för att bo i staden skulle det uppstå en hel del utmaningar. Hur skulle man kunna tillgodose deras behov av ett modernt stadsliv samtidigt som man ska bevarar stadens karaktäristiska medeltid stadscentrum som ligger på UNESCOs världsarvslista?

Triennalen består av 17 samtida konstnärer eller konstnärsgrupper från olika delar av världen som fått möjlighet att tolka och visualisera en framtid med en plötslig befolkningsexplosion. Om du inte tidigare har hört talas om triennalen i Brygge så beror det på att den har haft ett uppehåll, närmare bestämt i nästan 40 år. Den startade på 1970-talet, men försvann redan efter några år, vilket säger lite om samtidskonstens position i Brygge. I staden finns bara ett par gallerier som visar samtida konst och inget museum för samtidskonst. Det är till stor del det konsthistoriska arvet som dominerar kostscenen, men det ska förhoppningsvis triennalen råda bot på i framtiden.

När det gäller vilka platser som konstnärerna har valt för att placera ut sina verk i staden så kan man urskilja två huvudspår. Den ena handlar om religiösa platser och den andra om vatten. Vid Frälsarkatedralen reser sig den kinesiska konstnären Song Dongs installation *Doing Nothing Doing*. Det är ett glashus byggt av återanvända fönster från kinesiska rivningshus som jämnades med marken när den nya miljonstaden skulle byggas. Vi kan dra paralleller till många svenska städer till exempel Stockholm, där hela Klara-kvarteret revs på 1960-talet för att ge plats för de nya skyskraporna. Samma sak skulle kunna hända i Brygge när man måste bygga nya moderna bostäder till miljontals nya innevånare. Dong har nu byggt om fönstren till ovanliga geometriska former som bildar ett torn och man tycker att det på något sätt speglar kyrkbyggnaders arkitektur i bakgrunden. Men det är också former som återfinns i den kinesiska zenträdgården där man bygger upp miniatyrlandskap med små berg. Glashusens konturer kan också påminna betraktaren om berg. *Doing Nothing Doing* är ett verk som handlar om arv, att ta hand om sin historia, som de gamla fönstren, men kanske också skapa något nytt av det gamla.

Nathan Coley arbetar i sina verk med ord som byggs upp av glödlampor, som gamla reklamskyltar. Vid torget bredvid stadshuset har han på en stålställning satt upp meningen *A Place Beyond Belief*. Frasen har Coley hämtat från en intervju i anslutningen till terroristattacken 911 i New York då en ung kvinna tillfrågades om vad som borde byggas på platsen där tvillingtornen hade stått. Verket har tidigare visats på olika ställen till exempel i Pristina i Kosovo som också är en plats där mycket mänskligt lidande har ägt rum. I Brygge har platsen ytterligare en viktig betydelse. För där Coley har rest sitt verk har det en gång i tiden legat en gammal kyrka så orden får ytterligare en religiös dimension.

Uppe i de höga träden vid det gamla klostret skymtar man ett par trädkojor. Det är den japanska konstnären Tadashi Kawamata som placerat dem där. Tanken är att utnyttja alla utrymmen för de nya medborgarna i staden. Kojorna är väldigt primitiva och inga permanenta boplatser. Förutom att associera till barndomens idylliska byggprojekt får de mig också att tänka på flyktingläger och kåkstäder som byggs upp av överblivet material. Byggnader som uppförs tillfälligt när stora grupper människor blir tvungen att bosätta sig på en ny plats. Klosterträdgården är nu en idyllisk plats och utsikten skulle förmodligen vara svindlande vacker från kojorna om man nu kunde ta sig upp till dem. För du måste nästan vara en ekorre för att kunna klättra upp i de höga träden.

Nicolas Grenier har utnyttjat en övergiven kyrka för att visa upp sitt utopiska byggprojekt *Verticalle Integrated Socialism*. I kyrkan hittar man en modell av ett socialistiskt höghus där tanken är att våningen ovanför ska finanserar våningen under. Tanken är att välståndet ska strömma från de som har det bäst uppe i toppen ner i strukturen till de som har de sämre. Bostäderna är små och minimalistiska helt enkelt en form av socialistisk "compact living", vilket förmodligen är en bra lösning när man måste förtäta en stad för att få plats med miljoner nya innevånare på en liten yta.

Vatten är en viktig del av Brygges stadsbild. Staden är omgärdad av en kanal och man skulle därför kunna tro att innevånarna utnyttjar kanalen för att bada eller åka omkring i sina båtar mitt inne i staden, men båda sakerna är förbjudna. Atelier Bow-Wow som består av två japanska konstnärer har försökt påverka situationen genom sitt projekt *Canal Swimmer's Club*. De har byggt en brygga som ligger ute i kanalen och som blivit ett populärt tillhåll för ungdomar som samlas på bryggan och badar från den. Bada från bryggan får man nu bara göra på helgerna då det finns en livräddare närvarande. När jag passerade bryggan en varm torsdags eftermiddag såg jag några som trotsade förbudet och tog sig ett dopp i kanalen. Kanske kan ett konstverk som *Canal Swimmer's Club* påverka myndigheterna och ändra reglerna så innevånarna i framtiden bättre kan utnyttja sina kanaler som idag bara är tillgängliga för turisterna som åker runt på de många guidebåtarna som går i skytteltrafik på vattnet.

Mitt i kanalen kan man också hitta ett av de typiska gotiska husen som är så vanliga i Brygge. Det ligger och guppar runt bland de artificiella vågorna från en vågmaskin. Det är Romy Acituvs verk *Cataract Gorge* som för tankarna till att Belgien hör till de områden i världen som ligger under havsytan och där en höjning av havsnivåerna kan få katastrofala följder. Det är därför inte så konstigt att ett av stadens hus flyter omkring i kanalen. Vattnet har historiskt sett varit ekonomiskt viktigt för staden, som transportmedel och som handelsplats. Det är också en del av stadens turistattraktioner men det kan i framtiden också bli stadens öde.

Även duon Hehe verkar ha anspelat på risken för översvämningar. I kanalen har de placerat ett kraftledningstorn som vält ner i kanalen. Då och då gnistrat det till från ledningarna som en påminnelse om den dödliga dos av elektricitet som strömmar genom ledningarna. Om man ser sig runt i Brygge märker man snart att det inte finns några synliga luftledningar, utan alla el- tele och datakablar verkar ligga nedgrävda i marken för att inte störa den medeltida idyllen. Ändå är elektriciteten grunden för att man ska kunna bo i staden, driva alla hotell, restauranger och andra turistattraktioner. Elektriciteten måste finnas i staden men den får inte synas. Det Hehe gör är att de lyfter fram den genom att placera ett stort kraftledningstorn mitt framför ögonen på besökarna.

Turismen handlar i grunden om pengar, att skapa arbetstillfällen och tillväxt. Bakom Nathan Coley ljusbokstäver vid stadshuset står det därför en stor chokladskulptur av ett hus med texten "über-capitalism" snurrande som en reklamskylt på taket. För vad vore Belgien utan sin choklad? Det är en stor industri i landet. Bara i Brygge finns det drygt 60 affärer som säljer choklad. Det är Rainer Ganahl som skapat denna chokladfrestelse, och nej, man får varken slicka eller ta sig en tugga av verket. Förlagan till huset finns strax bakom skulpturen och heter Huis ter Beurze. Tycker du att det Beurze låter som det svenska ordet börs så har du faktiskt alldeles rätt för familjen Beurze började under medeltiden bygga upp sitt affärsimperium inom hotellbranschen för att sedan flytta fokus till att växla pengar. Begreppet börs som vi idag använder för att beskriva aktie- och valutahandel och som är en del av kapitalismens kugghjul har sitt ursprung här i Brygge och familjen Beurze verksamhet. Genom sina kolonier, där man bland annat odlade kakaobönor som används för att göra choklad, skaffade sig Belgien stora rikedomar. När man står bredvid Ganahls chokladbörshus en varm sommardag kan känna doften av kapitalismen, den luktar sött som smält choklad.

Fördelen med en triennal i Brygge är att man inte behöver välja bort den medeltida atmosfären, Michelangelos Madonna eller van Eycks triptyker. Triennalens konstverk ligga i centrum eller på gångavstånd från det medeltida stadkärnan. Du kan besöka både konsthistorien och samtidskonsten på samma gång. Fördelen med triennalen är att den skapar en dialog med historien och ger dig ytterligare fördjupning av stadens historia och framtida utmaningar.

En vandring längs triennalens konstverk kan avslutas på Urb-Egg cafe som ligger lite undanskymt på ett industriområde nära vattnet, inte långt från Romy Acituvs guppande hus. Det är ett trevligt kafé där man kan njuta av en kall öl eller en kopp kaffe och bakom hustaken skymta du den norska konstnären Anna Senstads guldbokstäver *Gold Guides Me*, som ett mantra över vårt kapitalistiska konsumtionssamhälle.

Man kan tycka vad man vill om kapitalismen som ideologi, men utan handel, ekonomi och tillväxt hade förmodligen ingen byggt Brygges medeltida kyrkor, beställt triptyker, statyer och konstverk för att smycka dem, och ingen politiker hade tyckt det var värt att satsa på en triennal om samtidskonst. För det är trots allt som Liza Minnelli sjunger i musikalen *Cabaret* "Money makes the world go around".

MARS 2014

Möt konstvåren i Bryssel

Till den rika museifloran i Bryssel kan man nu lägga Fin de siècle museet som öppnade vid årsskiftet. Lägg där till vårens stora utställningar med den belgiska samtidskonstnären Michaël Borresman och den spanska barockmästaren Zurbarán så har du alla förutsättningar för en lyckad konstweekend i Bryssel.

När Bryssel dyker upp i TV-rutan brukar det nästan alltid vara frågan om ännu ett topp- eller krismöte från EU-parlamentet eller NATOs högkvarter. Det är sällan Bryssel lyfts fram som en konststad, vilket är synd för staden har väldigt mycket att erbjuda den konstintresserade. Inte heller är den pompösa glasarkitekturen som dominerar kvarteren kring EU-parlamentet och som syns på TV representativ för Bryssel. Istället kan man tala om en konservatism när det gäller stadskärnan innanför den gamla stadsmuren. Jag vet inte om det finns någon annan huvudstad i Europa som har svartlistat ett antal torn i stadsbilden som man planerar att riva eller korta. Tornen är alltså skyskrapor som fått växa sig alldeles för högt över den övriga stadsbilden och som man nu har ambitionen att förändra eller riva för att återställa balansen bland takfasaderna.

Arkitekturen i Bryssel är annars väldigt blandad och varierad. Här hittar man fina gotiska kyrkor, Saint-Huberts inglasade gallerier i renässansstil och det stora torget som är listat på UNESCO kulturarvslista med sina fasader i gotisk och barock stil. Från torget vindlar sig sedan smala gator upp mot justitetpalatset från slutet av 1800-talet. Det tronar upp som en tjock kusin till Akropolis över staden. Restaureringen av denna koloss som verkar alldeles för tung för sitt eget bästa och som inte längre är speciellt funktionell för tjänstemännen har visat sig bli ett Sisyfosjobb för staden.

På väg från Bozar upp till Bryssels konsthjärta passerar man Musikinstrumentmuseet, också det en spännande byggnad i Art Nouveau byggt 1899 av Paul Saintenoy. I Bryssel är många av de stora konsthistoriska museerna annars samlade under samma tak. René Magritte, den stora kända surrealistiska målaren, uppfödd och verksam i Bryssel fick sitt eget museum här 2009. Sedan tidigare finns det konsthistoriska museet med de gamla mästare, ett modernt museum och det senaste tillskottet är alltså Fin de siècle museet som öppnade i december 2013. Museet visar konst som tillkom under slutet av 1800-talet och början av 1900-talet. Det var en spännande period både inom konsten och inom samhället. Det fanns en blandning av framtidstro och dekadens vid det förra sekelskiftet. Utställningen har därför en stor bredd när det gäller konstnärliga stilar, från social realism med olika arbetarmotiv till mer fantasifulla verk av de belgiska symbolisterna som Fernand Khnopff, Félicien Rops och Jean Delville.

James Ensor tillhör en av de konstnärer som var före sin tid och som fick ett sent erkännande i livet. Idag räknas han till de främsta belgiska målarna och finns såklart representerad i samlingen. Även konststilen Art Nouveau har under vissa perioder under historien haft låg status. När baron Gillion Crowet började samla Art Nouveau på 60-talet var de inte många som var intresserade. Samlingen finns nu bevarad på Fin de siècle museet och innehåller många fina pärlor som konst av Alphonse Mucha, möbler av Victor Horta och konstglas av Émile Gallé. Hela detta museumkomplex kan sysselsätta den konstintresserade i många timmar.

Men om man fortfarande inte fått nog av konsthistoria behöver man bara gå över gatan till ING Cultural Centre som fram till maj visar "The Neo-Impressionist Portrait, 1886-1904" med konstnärer som Georges Seurat, Paul Signac, Lucien Pissarro och belgiska motsvarigheter som Henry Van de Velde och Georges Lemmen. Neo-impressionismen grundades av Georges Seurat som började experimentera under 1880-talet med hur små punkter av färger kunde kombineras för att på avstånd skapa ett motiv. Man kan säga att Seurat förutsåg datorgrafiken och färg-TV:n där man använder en liknande teknik med små prickar i olika färger för att skapa bilder på skärmen. Tittar man nära på äldre datagrafik ser man bara en samling punkter i olika färger men tar man några steg bort så framträder bilden tydligt precis som i ett neo-impressionistiskt porträtt.

Om man skulle ha några timmar över så kan man sedan ta en buss eller spårvagn till Wiels konsthall som ligger några hållplatser utanför centrum. Konsthallen ligger i ett före detta bryggeri (vad annat kan man förvänta sig i ölens förlovade land?) och den modernistiska arkitekturen från 1930 är som gjord för att visa samtidskonst. På Wiels visas internationell samtidskonst och under våren kan man bl a se installationer av den tyska minimalisten Franz Erhard Walther och videoverk av den Beirutbaserade konstnären Akram Zaatari.

Det finns alltså en hel del som gör Bryssel till en intressant konststad. Här finns något för alla smaker från medeltida konst fram till dagens samtidskonst och populärkultur. Staden är kompakt och det mesta ligger inom gångavstånd från centrum. Ja, förutom EU-parlamentet och NATO-högkvarteret som ligger utanför stadskärnan. Lite paradoxal kan man därför uppleva Bryssel som ett lugnt vattenhål där man kan njuta av konsten och arkitekturen utan att ständigt bli påmind om alla kriser i Europa.

AUGUSTI 2012

Mer än Manifesta i Belgien

Manifesta är den mest internationellt kända konsthändelsen i Belgien i år. Det är en biennal för europeisk samtidskonst som vart annat år äger rum på en ny plats någonstans i Europa. I år är det alltså i Waterscheigruvan utanför Genk, ett gammalt gruvkomplex som inte ligger långt från Maastricht och den tyska gränsen. Manifesta kretsar i år kring kolet och gruvdriftens betydelse för regionen och innehåller både samtida och historiska verk. Det har nu skrivits en hel del om Manifesta redan så jag ska inte uppehålla mig vid utställningen utan istället bege mig ut till Nordsjöns kust där det pågår en spännande skulpturtriennal.

Oostende framstår på många sätt som Belgiens franska Riviera men sina milslånga vita sandstränder, breda strandpromenader, hotell och exklusiva lägenheter med havsutsikt. I hamnen ligger segelbåtar i miljonklassen och restauranger finns det gott om. Konst är kanske inte det första man förknippar staden med. Det finns ett konstmuseum MU.Zee, som har stora lokaler men som varken är speciellt inspirerande när det gäller innehåll eller presentation. Men som tur är finns det två andra starka anledningar för den konstintresserade att besöka Oostende.

För det första är det staden där konstnären James Ensor föddes och dog i. Ensor räknas som en av de viktigaste konstnärerna inom det Belgiska avantgardet och en föregångare till expressionismen. Han studerade konst i

Bryssel och målade till en början mörka interiörer och stilleben som inte gick hem hos kritikerna. I slutet av 1800-talet förändrades hans stil och han började måla karnevalsbilder ofta lite makabra och bisarra, vilka med tiden kom att göra honom känd för eftervärlden. Medeltida flamländska konstnärer som Hieronymus Bosch och Pieter Brughel d.ä brukar pekas ut som inspirationskällor för Ensors konst. År 1917 flyttade Ensor in i ett hus vid Vlaanderenstraat 27 i Oostende där han bodde fram till sin död 1949. Huset är idag ett museum och visar hur Ensor levde och här finns även en hel del konst av Ensor som är väl värt ett besök.

Den andra orsaken och den främsta att åka till Oostende är skulpturtriennalen Beaufort som i år arrangeras för fjärde gången. Internationellt kända konstnärer som Jaume Plensa, Jannis Kounellis, Erwin Wurm och Magdalena Abakanowicz har skapat stora skulpturer som finns utplacerade längs Oostendes milslånga sandstränder. Det bästa sättet att besöka utställningen är att ta spårvagnen som går längs hela kuststräckan. Sedan får man bege sig ut bland sanddynerna och hitta sina favoriter som Marco Casagrandes sandorm. En flätad konstruktion som skapar ett rum som påminner om en mätt boaorm. När solen ligger på bildas ett effektfullt ljussken inne i ormen.

En del av verken från de tidigare biennalerna finns också kvar längs kusten som Wim Delvoyes "Caterpillar" från Beaufort 01. "Caterpillar" är en fullskalig grävmaskin som verkar var gjord av ornamentaliska järnstaket från en kyrkogård. Bland de stora internationella namnen hittar man också svensken Michael Johansson. Johansson är en expert på att packa och stapla olika föremål i olika former och färger till tajta geometriska skulpturer. I "The move overseas" har han mellan två containrar staplat köksinredningar och andra föremål som finns i ett hushåll så tätt att det verkar vara omöjligt att få in ens ett papper mellan föremålen. Konstverket anspelar på människor som flyttar till andra länder och då väljer att packa en stor container med alla sina tillbehörigheter och sedan skeppas iväg dem till destinationen.

Från Oostende är det sedan bara 45 minuters resa med tåg till nästa destination. Tåget anländer till Sint-Pieters järnvägsstation i Gent som uppfördes med anledning av världsutställningen 1913. Arkitekt var Louis Cloquet och stationen invigdes 1912 så stationen firar 100 års jubileum i år. Under de senaste åren har den renoverats för att återfå sin forna glans och därför reagerar man inte speciellt mycket över de stålställningarna som sträcker sig upp mot klocktornet. Det visar sig nu att det är tillåtet att gå upp för ställningens trappor och besöka klocktornet. Väl uppe på avsatsen kliver man in i litet vitt hus. Det är ingen vanlig barack som man byggt för att kunna renovera klocktornet utan ett hotell som bara har ett enda dubbelrum. Utsikten är fantastisk från hotellrummet. Man kan sitta i badkaret och se ut över Gent. Det som skiljer rummet från andra hotellrum är att det mitt i rummet finns ett klocktorn med fyra stora urtavlor. Skulle man vakna upp mitt i natten så vet man alltid vad klockan är. Hotel Gent är skapat av den japanska konstnären Tazu och är ett av många konstverk i utställningen TRACK som handlar om dialogen mellan konsten och stadsrummet.

I Citadellparken hittar man fler verk utplacerade runt samtidskonstmuseet SMAK som står som arrangör för utställningen TRACK. T ex Leo Copers kyrkogård där han har rest ett hundratal gravstenar med namn på konstmuseum runt om i världen och Elmgreen & Dragset glasmonter mitt ute i parken där man visar löv patinerade i olika metaller.

Bredvid SMAK liggger Museum voor Shone Kunsten. Det är ett konsthistoriskt museum med verk av bl a flamländska konstnärer som Bosch och Ensor. I entré hittar man ett något modernare uttryck. Ett antal stora bockade kopparplåtar. Det är delar av Dahn Dos verk "We the people". "We the people" är de första orden i den amerikanska konstitutionen och kopparplåten är delar till en fullskalig kopia av Frihetsgudinnan som Do arbetar med. Delarna kommer aldrig att sättas ihop för Do anser att Frihetsgudinnan inte längre har samma symbolvärde för frihet idag som den historiskt har haft. För många emigranter som flyttade till USA blev Frihetsgudinnan en bild för öppenhet och frihet i det nya förlovade landet, värden som idag inte är lika starkt förknippade med USA.

På väg ned från Citadellparken ner mot Gent historiska centrum passerar man några av verken i TRACK som är väl värda ett besök som John Bocks installation i den övergivna källaren vid tekniska universitet, Massimo Bartolinis bokgård och Fischl & Weiss fotografier vid Sint Pietersklostret.

Den historiska delen av Gent domineras av kyrkor, en del med ursprung från medeltiden. Ska man bara besöka en kyrka i Gent så är det den gotiska Sint-Baafs katedralen där man kan se en av konsthistoriens mest kända verk nämligen van Eycks altarskåp, det så kalllade Gentaltaret, som är ett utsökt exempel på ett altarskåp från renässansen.

Befinner man sig i Gent ska man inte heller missa att gå längs Werregarenstraat. Det är lång smal gränd som är den enda lagliga platsen för graffiti i Gent. Det är en ständigt skiftande konstscen där man har stor chans att se graffitikonstnärer i arbete. Graffiti är ju också en form av konst som skapas i en dialog med stadsrummet så det passar väldigt bra in i konceptet kring TRACK.

Det arrangeras runt 280 festivaler i Flandern bara i år inom kultur, konst och musik. TRACK i Gent och Beuafort04 i Oostende är bara två exempel på spännande evenemang som är väl värda ett besök. Det är lite synd att så mycket fokus riktas mot Manifesta när det samtidigt pågår så mycket annat spännande på konstscenen i Flandern som är värt att uppmärksammas.

AUGUSTI 2012

TRACK i Gent

På väg till S.M.A.K.-museet för samtidskonst i Gent vandrar jag rakt in i en kyrkogård i Citadelparken. På gravstenarna läser jag "Louvren", "Guggenheim" och "Tate". Den belgiska konstnären Leo Copers har rest ett hundratal gravstenar med namn på museum runt om i världen och därmed dödförklarat dem. Det är som om det futuristiska manifestet gått igen. 1909 skrev nämligen italienaren Filippo Tommaso Marinetti att futuristerna skulle befria Italien från de oräkneliga museerna som de liknade vid kyrkogårdar.

Ryktet om museernas död visar sig nu vara något överdrivet. För på konstmuseet S.M.A.K. som för tillfället bytt namn till TRACK, efter sommarens stora utställning med konst i dialog med stadsrummet, hittar jag både utställningar och besökare. Utställningen "Chambres d'Amis" visar sig vare en historisk grundplåt till TRACK. Det var 1986 man gjorde ett första försök att lämna museibyggnaden och låta 51 konstnärer skapa unika verk för privata bostäder i Gents innerstad. En del av verken ingår nu i S.M.A.K.:s samlingar som Mario Merz långa bord av glas och tjock sten som verkar lite svårplacerat i ett normalt hem. Paul Theks "Visual Theraphy" är däremot en lekfull och färgsprakande installation med leksaker och porlande vatten som jag själv skulle tänka mig ha hemma. Som ett av "Chambres d'Amis" nyckelverk lyfter man fram

Chris Burdens "Le Décor et son Double" som man nyligen köpt in till museet. Burden menade att det inte räckte med att bara flytta ut konsten från museet utan att den även behövdes en förklaring, ett manifest till varför konsten visades utanför museets väggar.

TRACK är en utställning som vill bryta ner gränserna mellan konsten och staden. Det finns därför ett manifest med 13 punkter som utställningen arbetar efter. Manifestet känns inte speciellt nytt eller originellt. Tankar om att bryta ner gränserna mellan konsten, staden, besökarna och institutionen har funnits sedan 60-talet då konsten sökte sig nya vägar utanför den vita kuben. I och med sociala medier och Internet har det också öppnats upp helt nya vägar för att nå konstpubliken utanför museerna. Copers har därför inte helt fel när han begraver museerna, för det är en institution som står under stora utmaningar och förändringar inför framtiden.

Vid S.M.A.K. /TRACK kan man hyra en cykel för att ta sig till alla verken i utställningen, något som rekommenderas. Man kan visserligen gå, men det tar tid att förflytta sig genom staden och vill man hinna med så många verk som möjligt är en cykel en bra idé. Även om TRACK är en utställning i stadsrummet så är det bara ett antal verk som är tillgängliga dygnet runt. Många av verken finns inne i byggnader och man måste dessutom köpa en speciell biljett för att besöka dem. Biljetten tillåter bara ett besök av varje verk, men som tur är ingår tre bonusbesök så man kan göra återbesök hos sina favoriter. Den här typen av utställningar i stadsrummet är ett bra sätt att upptäcka en stad på. Man kommer ofta en bit ifrån de vanliga turiststråken och får se platser som man vanligtvis inte skulle besöka som turist. Nackdelen är förstås tillgängligheten. Museerna måste följa vissa regler för t ex funktionshindrade, men några av verken i TRACK är svårtillgängliga om man t.ex. har svårt att gå eller har någon annan funktionsnedsättning.

TRACK är en väldigt spännande utställning där konstnärerna i många fall lyckats skapa en perfekt dialog med omgivningen. Jag bestämmer mig för att följa ett mörkt spår genom Gents vindlande gator. Ett spår som börjar vid Copers gravstenar. Placeringen i en park med gräs och träd där solen strilar ner mellan grenarna känns klockren och man kunde önska att det blev ett permanent inslag i parken. Elmgreen & Dragset har lite längre bort i parken placerat en glasmonter med "Loose Leaves", löv överdragna med ett tunt lager av metall. Naturen lyfts fram som ett museiföremål. Man kan se det som ett sätt att fokusera på naturens former och beståndsdelar, men också hur vi sätter upp gränser mellan naturen och människan när vi gör den till ett objekt i en monter.

I de övergivna källarlokalerna vid Gents tekniska universitet har John Bock skapat en installation som leder tankarna till en skräckfilm. Bland de skumma ödsliga korridorerna hittar man märkliga konstruktioner och skulpturer. I ett rum ligger en styckad kropp inplastad på ett bord. På väggen rullar en video som visar hur en person skär och gräver i kroppen. Det påminner en hel del om en performance av Paul McCarthy, lite snaskigt och klumpigt som en splatterfilm. Bocks installation ger en otäck och suggestiv känsla och det är inget ställe jag skulle vilja tillbringa natten ensam på.

Nere i Gents historiska centrum med sina många kyrkor slinker jag in i en port till Hotel de Ghellinck och kommer in ett förfallet men vackert rum från sekelskiftet med stuckatur och högt i tak. Här finns en glasmonter med två bronsskulpturer föreställande huvudet av en man och en kvinna. Titeln "Everything Falls" känns som en modern variant av det klassiska citatet memento mori, tänk på att du ska dö, allt är förgängligt. Även här uppstår en träffsäker dialog mellan interiör och konstverket. Michaël Borremans installation påminner om ett mausoleum över en man och kvinna som en gång kanske levde i rummet. Sakta håller rummet på att förfalla och ett tjockt lager glömska lägger sig över golvet.

Det finns även andra spår att följa i utställningen som är mycket ljusare. I Sint Pietersklostret har Fischli & Weiss installerat ett långt ljusbord fyllt med fotografier från hela världen. "Visibel World" innehåller runt 3000 färgfotografier och det man slås av är hur färgskalan över bordet skiftar på ett genomtänkt sätt. Från det välvda trätaket tittar himlens änglar ner på jorden. Änglarna tillhör nu inte installationen utan är del av klostrets interiör, men det känns som om det är meningen att de ska vara där och skapa en dialog mellan himlen och jorden. Fischli & Weiss bildspel ger en positiv och ljus bild av livet på jorden, med natur, djur och städer, utan miljöförstöring, slumområden och andra mörka sidor av jordelivet.

I klostrets vingård finner man Massimo Bartolinis "Bookyards". Bartolini har fortsatt de raka linjerna med vinrankor och byggt tolv gröna bokhyllor fyllda med böcker. Biblioteket är öppet för vem som helst. Man kan komma dit och ta med sig en bok eller lämna en bok om man vill. Att ordet kultur kommer från det grekiska ordet odling passar väl in i detta projekt som har ambitionen att bekämpa okunskapen i världen. Däremot kan man väl ställa sig lite undrande till påståendet om att vin och böcker har samma förmåga att öppna upp sinnet. Kanske i ett kort perspektiv, men i längden skulle jag satsa på böckerna.

Alon Levins "The Basics of Growth" som även det ligger i närheten av klostret handlar också om kunskap och böcker. Det består av ett växthus med blomlådor, krukor och ett antal formelement som Levin verkar hämtat direkt från dataspelet Tetris. Till dessa byggstenar finns sedan ett antal tjocka manualer som frivilliga har sammanställt av artiklar från uppslagsverket Wikipedia. Levins verk är encyklopediskt i sitt försök att samla och sammanfatta tillväxt i brett perspektiv från växter till global ekonomi.

Det man slås av i TRACK är hur genomtänkt dialogen mellan rummet och konstverket i många fall är. Det känns så naturligt att konstverket ska finnas just på den här platsen som konstnären har valt. Det är så att man önskar att de kunde få fortsätta att finnas kvar även i framtiden. För nästa gång jag kommer tillbaka till Gent skulle jag vilja besöka många av dem igen.

Tvål, ljus och oljemålningar i C.D. Friedrichs barndomshem

Han var svensk och hans föräldrar kokade tvål och stöpte ljus i källaren. Här på Lange Straße 57 mitt i centrum av Greifswald föddes Casper David Friedrich den 5 september 1774. Friedrich som räknas som en av de största romantiska målarna i Tyskland föddes som svensk medborgare. Greifswald tillhörde under den här tiden Sverige och i staden finns också det som räknas som Sveriges första universitet. Senare i livet flyttade Friedrich till Dresden och klev därmed in i den tyska konsthistorien istället för den svenska.

Bara ett stenkast bakom barndomshemmet tornar kyrktornet till Sankt Nikolai upp sig. Den som har möjlighet att klättra upp i det runt 100 meter höga tornet kommer att få en panoramautsikt över det landskap som formade Friedrichs konstnärliga ådra från kalkklipporna i Rügen långt bort i fjärran till klosterruinen i Eldena. Kyrkan kastar symboliskt sin skugga över Friedrichs barndomshem som en påminnelse av familjens starka religiösa övertygelse. De religiösa motiven återkommer i många av Friedrichs verk i form av korset som smälter in i landskapet eller symboliskt avspeglar sig i formen av ett träd eller en segelmast i målningen. Det är inte ovanligt att det finns en övergång i Friedrichs målningar från den mörka förgrunden till ljuset beläget högt uppe bland bergen. Kanske som en påminnelse av den lilla pojken som stod i skuggan av den stora kyrkan och tittade upp mot kyrktornet som gnistrade i solskenet?

Idag har Friedrichs barndomshem gjorts om till ett museum som drivs av Kasper David Friedrich sällskapet sedan 1998. I källaren finns en del av föräldrarnas ursprungliga verkstad kvar för tvål- och ljustillverkning och i de övriga våningsplanen finns olika utställningar. Den 5 september 2014 firade man i Greifswald 240-års jubileet av Friedrichs födelse genom att öppna ett nytt rum i museet. Efter gedigna efterforskningar kunde man öppna ett familjekabinett som består av en vägg men ett stort släktträd över Friedrichsläkten. Friedrich var den första konstnären i släkten men inte den sista, även hans son Gustav Adolf följde i faderns fotspår. I den tillfälliga utställningen *Konstnärerna i familjen Friedrich* finns det därför möjlighet att ta del av verk skapade av familjemedlemmar under tre generationer från 1800 till 1930. Utställningen som också ingår i jubileet pågår fram till början av november.

På Pommersches Landesmuseum i Greifswald, en kort promenad från barndomshemmet, hittar du några originalverk av Friedrich men för den som vill se konst av Friedrich så är Hamburgs konsthall eller Alte Nationalgaleriei Berlin en bättre startpunkt. Museet arbetar dock aktivt för att utöka sin samling med konst och material med anknytning till Friedrich. Det ligger ju trots allt i hans födelsestad. Nyligen lyckades man förvärva ett trettiotal brev som varit försvunna under en längre tid. Breven är skickade mellan Friedrich och hans syskon och ger en vardaglig inblick i hans liv där

Friedrichs uppfödning av kanariefåglar är ett återkommande ämne.

Greifswald har visserligen inte den bästa samlingen av konst signerad Friedrich, men istället erbjuder man sina besökare en genuin stämning och upplevelse. Greifswald är en av många charmiga tyska städer med en trevlig stadskärna där Friedrichs ande fortfarande svävar över staden. I staden kan man följa i hans fotspår via barndomshemmet, kyrkan och universitet där han studerade. Det finns också en speciell vandringsled som man kan följa för att upptäcka några av hans mest kända målningar. Greifswald fungerar också utmärkt som utgångspunkt för den som vill utforska landskapet vidare och besöka klosterruinen i Eldena, de vita kalkklipporna i Rügen eller några av de närliggande städerna som Stralsund.

JULI 2012

En het konstsommar i Hamburg

Det är en tidig morgon på Köpenhamns centralstation. På perrongen står jag och väntar tillsammans med en hel del unga tågluffare som är på väg hem eller på väg ut i Europa. Destinationen är Hamburg som under sommaren har marknadsfört sig som en konststad och lockat med internationella konstnärer som Antony Gormley och Wim Wenders. Från Köpenhamn till Hamburg tar det bara 5 timmar med tåg. Det är inte mycket längre än det tar att åka till Stockholm från Malmö. I framtiden när det tyska järnvägsnätet är fullt utbyggt ska ICE tågen kunna köra 300 km/h på vissa sträckor i Tyskland. Som svensk blir man avundsjuk på tyskarnas investeringar i järnvägar. Med tanke på de stora brister och förseningar som det svenska järnvägsnätet dras med så känns Stockholm plötsligt ganska avlägset för en skåning om man jämför med Hamburg eller Berlin.

När jag stiger av tåget några timmar senare i Hamburg är det som om jag kliver ur ett charterplan. En vägg av värme slår emot mig. Det är runt 30 grader och solen gassar från en klarblå himmel. Det är alltså här sommaren befinner sig tänker jag, och önskar att jag hade packat ner ett par shorts. Som tur är ligger många av mina besöksmål bara ett par minuters gångväg från stationen. Hamburger Kunsthall, Hamburger Kunstverein, Diechtorhallen och Museum Für Kunst och Gewerbe ligger inom en radie av ett par hundra meter. Det dröjer inte länge förrän jag befinner mig inne i konstens klimatanläggningar med en behaglig temperatur runt omkring mig.

Det visar sig att det just nu pågår tre stora utställningar av hög internationell kvalité på Hamburger Kunsthalle. "Alice in Wunderland der Kunst" behandlar hur Lewis Carrolls böcker om Alice har avspeglat sig i konsten under 150 år, från surrealismen fram till våra dagar. Bland de runt 200 verken upptäcker jag den svenska fotografen Susanne Hesselgren som är representerad i utställningen med ett par fotografier. Den andra utställningen är fotoutställningen "Lost Places" med kända fotografer som Thomas Ruff, Jeff Wall och Thomas Demand. Fotografierna behandlar platser som är övergivna, tomma eller bortglömda på olika sätt. Slutligen pågår en historisk utställning om minimalismen som är mycket välgjord och innehåller alla stora fixstjärnor som Carl Andre, Dan Flavin, Donald Judd och Sol LeWitt. Jag skulle kunna stanna resten av dagen inne i Hamburger Kunsthalls svala interiör och de spännande utställningarna, men det är fler konstutställningar som lockar så jag beger mig åter ut i hettan.

Ett av de stora dragplåstren under konstsommaren i Hamburg är Anthony Gormleys installation *Horizon Field* i Deichtorhallen. Gormley har tagit nästan hela hallen i besittning och skapat en plattform på 1200 kvadratmeter som hänger i vajrar från taket, 7 meter över golvet. Det spegelblanka golvet reflekterar rummet och besökarna som går på golvet. Det är ett offentligt fält, som en gräsmatta i en park. Man får kanske inte ha picknick eller spela fotboll på *Horizon Field* men här finns möjlighet att vandra omkring, sitta ner och fundera, prata och möta andra människor. Jag är övertygad om att det är ett konstverk som många kommer att prata om i framtiden och dela med sig av sina upplevelser. För det är storheten med Gormleys fält, själva upplevelsen, att ha varit på plats där uppe på plattformen.

Mitt emot Deichtorhallen ligger Hamburger Kunstverein. Precis som många andra konstföreningar i Tyskland påminner det mer om en institution, en traditionell konsthall än en ideell konstförening. Man tar entré och håller en hög internationell nivå på sina utställningar. Under sommaren visar man de rumänska konstnärerna Gert & Uwe Tobias. De har gjort en serie skrivmaskinscollage där man utgått från Hollywood-filmer som behandlar Draculamotivet. Skrivmaskinscollaget är en gammal teknik som man förknippar med dadaism och konkret poesi. Men det verkar idag finnas en nostalgisk trend för att åter igen använda text för att skapa bilder, och förutom skrivmaskin kan man i samtidskonsten hitta exempel på ASCII-konst och konst gjord med teletext.

På övervåningen ställer Alexandra Bircken ut. Bircken kombinerar vardagsföremål som gunghäst, badkar, skateboard, cykel med textila inslag. I verket *Cheri Cheri Lady* har hon på ett lekfullt sätt förvandlat en strykbräda till en segelbåt med hjälp av en trädgren och ett segel av nät. Även här hittar man en konsthistorisk referens med blandningen av ready-mades och textilkonst.

Inom centralstationens konstradie ligger också Museum Für Kunst och Gewerbe. Det är ett historiskt museum som visar mode, konsthantverk, musikinstrument och interiörer från främst 1900-talet. Man anordnar även en del tillfälliga utställningar. Det som lockar den här gången är en utställning om Picasso. "Ichundichundich" (jag och jag och jag) heter den och består bara av fotoporträtt av Picasso grupperade efter olika teman som konstnärens öga och hand, konstnären i sin ateljé, och rollspel. Fotografierna sträcker sig från 1916 fram till slutet av 60-talet. Förutom 2-3 fotografier är alla bilderna svart-vita och bland fotograferna återfinns många kända namn som Richard Avedon, Brassaï, Henri Cartier-Bresson och Man Ray. Jag kan väl tycka att utställningen ger en något onyanserad bild av Picasso. Fotografierna känns officiella och iscensatta. Jag saknar de spontana och de mer privata bilderna av Picasso. Mitt intryck är att det är en utställning som visar konstnären Picasso som det stora geni som vi är vana att se honom och som vi redan sett i många andra sammanhang.

Från Museum Für Kunst och Gewerbe är det en liten promenad in mot centrum. För utsiktens skull kan man välja att gå längs floden Alster. Efter ett tag når man hjärtat av Hamburg, den vackra rådhusplatsen. Granne med rådhuset ligger Bucerius Kunst Forum som också visar en fotohistorisk utställning om "New York Photography 1890-1950". New York har i alla tider lockat fotografer för sin fantastiska skyline och utnämns ibland till fotografins huvudstad. Den historiska utställningen på Bucerius tar sin början vid sekelskiftet då fotografiet användes för att dokumentera människor och miljöer i New York. Med tiden utvecklades den unga konstformen och blev mer abstrakt och experimentell i sitt uttryck.

Efter denna lilla utflykt utanför centralstationens konstcirkel återvänder jag till Deichtorhalllen. Det är inte Gormley jag tänker besöka igen, utan jag tänker fortsätta på den fotografiska stigen. Haus der Photographie visar nämligen "Visualleader 2012" med de bästa fotografierna från tidningar och Internet under 2012. Det är en utställning som fungerar som ett bra komplement till "New York Photography 1890-1950". Genom att besöka de två utställningarna får besökarna en möjlighet att jämföra den fotografiska blicken med 100 års mellanrum. Från början av seklet då fotografiet fortfarande vara något exklusivt till dagens massmediala bildflöde där gränserna mellan journalistiska och privat bilder håller på att suddas ut.

Om man sedan går tillbaka till utgångspunkt Hamburgs centralstation kan man välja att fortsätta på det fotografiska temat genom att göra en liten tågresa till Die Sammlung Falckenberg der Deichtorhallen som ligger i Phoenix-Hallen i Hamburg-Harburg. Här pågår ännu en fotoutställning. Precis som sin brittiska kollega Peter Greenaway är Wim Wenders inte bara regissör utan även konstnär. I Phoenix-hallen visar Wenders ett 60-tal storskaliga fotografier tagna under sina många resor runt om i världen. Tematiskt knyter utställningen an till "Lost Places" på Hamburger Kunsthalle. Wender har sökt efter platser som för honom verkar märkliga och tysta.

Platser som människan håller på att överge och som håller på att försvinna i glömska. Wim Wenders fotografier skulle lika väl kunna platsa i utställningen på Hamburger Kunsthalle, men då hade man förstås bara fått sett ett urval och gått miste om denna stora separatutställning.

Efter två intensiva dagar i Hamburg står jag åter i hettan på tågperrongen tillsammans med nya tågluffare, på väg hem eller på väg norrut. De står där svettiga och tyngda under sina välpackade ryggsäckar. Svetten rinner också längs min rygg och det känns som jag åker tillbaka mot Köpenhamn med en stor ryggsäck på ryggen fylld med nya konstupplevelser och intryck.

NOVEMBER 2011

Reformvänlig munk söker nunna för äktenskap

Det var i Eisleben det hände. Det är knappt man kan urskilja kyrktornen på St. Andreakyrkan. Dimman ligger tät. Ändå var det här som det började. I en sömning småstad i östra Tyskland. Huvudpersonen i berättelsen står rakryggad på torget och tittar ut över de folktomma gatorna. Det är den 31 oktober, reformationsdagen, en tidig måndagmorgon i Eisleben, Martin Luders födelsestad. För eftervärlden är han förstås mer känd under en annan stavning, Luther. Föräldrarna Hans och Margaretha Luder bodde under hösten 1483 i staden när Martin föddes, men flyttade efter några månader vidare till Mansfeld. Trots deras korta besök har Martin Luther satt en stark prägel på Eisleben. Här finns Luthergatan, Lutherapotek, Luthermatställe med mera. Vilket kanske inte är så konstigt det är ju i alla fall Martin Luthers födelsestad vi befinner oss i.

Stadens centrum har visserligen fått en ansiktslyftning sedan öststatstiden, men viker man av från huvudgatan hittar man en hel del övergivna och förfallna hus. Precis som i många andra forna öststatstäder lider Eisleben av hög arbetslöshet som gör att de unga flyr städerna antingen till väst eller utomlands. Även i Luthers födelsestad tappar församlingarna medlemmar och blir allt mindre och äldre, vilket är ett stort problem, eftersom församlingarna i Tyskland är ansvariga för kyrkobyggnaderna. Bara i Eisleben finns tre gotiska kyrkor som ständigt kräver dyrt underhåll. Inte ens att Eisleben är födelseorten för reformationens superkändis verkar räcka till för att vända på den nedåtgående trenden bland kyrkobesökarna. Det finns dock hopp. Några arkitekter har tagit fram ett spännande förslag som ska förvandla St. Petri-Pauli kyrkan där Luther döptes till ett centrum för dopet. Enligt det vinnande arkitektförslaget ska kyrkan få en nedsänkt dopfunt i golvet och symboliska vattenringar ska sedan sprida budskapet om dopets betydelse utanför kyrkans väggar. Kanske är det den förnyelse som staden behöver inte bara för att locka nya turister utan även för att blåsa in lite framtidshopp bland innevånarna.

Vid det stora torget reser sig Eurfurts stolthet mot skyn. Belyst på natten är katedralen ett perfekt vykortsmotiv. Det är en mystisk gotisk skönhet med många torn och höga spetsbågade fönster. Katedralen är byggd på en kulle och på den branta trappan arrangeras under sommaren operaföreställningar som lockar tusentals människor som vill njuta av musik och arkitektur i en skön symbios. Det som är lite märkligt med Erfurtkatedralen är att den hela tiden har varit katolsk, även under reformationstiden. Man undrar vad Luther tänkte när han stod där nere i skuggan av katedralen som likt en katolsk borg nästan hånfullt oåtkomlig övervakar staden.

Det var alltså här i Erfurt som Luther påbörjade sin akademiska karriär. Han började läsa juridik efter faderns önskemål och vilja, men under en resa hem till sina föräldrar råkade han ut för den berömda åskstormen. Rädd att hans sista stund var kommen lovade han Sankta Anna att han skulle bli munk, bara han överlevde. Några dagar senare var han inskriven vid Augustinerklostret där han efter ett par år prästvigdes. Augustinerklostret tillhör en av Erfurts många sevärdheter framför allt för sina färgsprakande glasfönster från början av 1300-talet.

Det var i Wittenberg det hände: Genom staden Wittenberg kan man följa en historisk tidslinje som börjar borta vid slottet och slottskyrkan där Luther den 31 oktober 1517 (dvs på reformationsdagen) spikade upp sina 95 teser. Idag är trädörren utbytt mot en bronsdörr där de 95 teserna finns ingraverade. Fortsätter man till Rådhustorget träffar man på ännu en staty av Luther flankerad av hans vän och medarbetar Philipp Melanchthon. Melanchthon är tämligen okänd för vanligt folk, men var en viktig kraft inom reformationen genom sina skrifter och sitt systematiska reformarbete. Melanchthon står i sin tur och tittar ner mot Lucas Cranach d.ä apotek och målarverkstad. Cranach förknippas mest som målare men var även nära vän till Luther, och verkade som apotekare, boktryckare och borgmästare i Wittenberg. Inne på apotekets innergård sitter Cranach och tecknar på ännu ett idolporträtt av reformationens mästare som ska spridas till omvärlden. Genom Cranach porträttkonst och boktryckarkonsten skapades en stabil grund för att snabbt och effektivt få ut reformationens budskap och marknadsföra den nya läran.

Det sägs också att det var här i Cranachs apotek som Luther träffade nunnan Katharina von Bora som han sedan gifte sig med av medlidande. Jag tänker aldrig gifta mig lär Luther ha sagt till en vän men efter mötet med Katharina gick det ganska snabbt. För tiden blev det också en praktskandal, en munk som gifte sig med en nunna. Det äkta paret flyttade in ett "Det svarta klostret" som vi finner i slutet av vår tidsaxel på andra sidan av staden Wittenberg. Äktenskapet var lyckligt och Katharina von Bora visade sig vara en driftig och företagsam kvinna som Luther säkert hade en del att tacka för sin framgång. Tillsammans fick de fick sex barn varav fyra överlevde till vuxen ålder.

Det var i Eisleben det hände: År 1546 återvände Luther svårt sjuk till sin födelsestad Eisleben för att försöka medla i en konflikt i församlingen. Han höll sin sista predikan i St. Andreakyrkan. Predikostolen som Luther använde används än i dag. Någon dag senare avlider han. Hans dödshus ligger bara ett stenkast från kyrkan och håller på att renoveras inför det stora jubelåret 2017 då man firar 500 års jubileet av reformationen. Men hände det verkligen där? Precis som kring alla stora legender stämmer inte alltid historien överens med verkligheten. Förmodligen dog inte Luther i det utpekade huset bredvid kyrkan. Nyligen funna brev talar istället för att han bodde vid ett annat hus med utsikt över torget där han idag står staty. Och var det verkligen en åskstorm som fick honom att byta bana och bli munk? Hans stora intresse för teologi fanns sedan tidigare och åskstormen blev kanske bara ett svepskäl för att våga gå i mot sin fars vilja och studera teologi istället för juridik. Inte ens de berömda teserna verkar forskarna vara speciellt övertygade om att han verkligen spikade upp på kyrkodörren i Wittenberg. Och var det bara medlidande som fick den 41 åriga Luther att så snabbt besluta sig för att gifta sig med den unga Katharina? Vad var det egentligen som hände där i Eisleben, Erfurt och Wittenberg? Som med all historia är det inte alltid lätt att avgöra vad som är myt, legend, historia eller sanning i sammanhanget. Kanske får man nöja sig med att konstatera som Luther en gång uttryckte det: "Här står jag. Jag kan inget annat göra". Om nu han verkligen sa så...

NOVEMBER 2010

Månskensstråk över svenska Pommern

Det är i slutet av oktober. Stranden ligger nästan öde. Vågorna rullar långsamma och tunga mot stranden med sitt dova ljud. I horisonten tornar en hotande molnbank upp sig, men fullmånen kastar ännu sitt bleka sken över de två gestalterna nere vid vattenlinjen. Bilden är som hämtad från den tyska romantikern Casper David Friedrich målningar, som "Månsken över havet". Men när jag vänder mig om finner jag ingen konstnär vid sitt staffli utan istället ett enorm byggnadskomplex som tornar upp sig som en mur mot havet.

Det är Prora, nationalsocialismens utopiska semestersamhälle. En flera kilometer lång byggnad som skulle inhysa 20 000 semestrande tyskar. Rummen var visserligen små men alla hade havsutsikt. 1936 startade man det stora byggprojektet under ledning av arkitekten Clemens Klunz, men vid krigsutbrottet 1939 stannade det av, men har trots det nått imponerade proportioner. Efter kriget övertog DDR:s folkarmé byggnaderna och skapade kaserner till sina soldater. Idag återfinner man i några av kvarteren ett museum över DDR tiden, medan resten gapar spöklikt tomt i väntan på nya investerare.

Inte långt från Prora ligger den populära badorten Binz med sin exklusiva strandpromenad, med nyrenoverade villor och hotell. Från den långa piren ser man siluetterna av de kritvita kalkklipporna som C.D Friedrich förevigade i målningen

"Kalkklippor vid Rügen" från 1818. Men det har krävts stora investeringar för att rusta upp husen som förföll under DDR tiden. Eftersom man inte fick äga husen och det inte heller fanns några pengar att renovera för förföll dem allt mer under åren, men genom EU-bidrag och stora statliga stödprogram för att motarbeta finanskrisen och massarbetslöshet har stora delar kunna rustas upp till sin forna glans. Den där speciella öststatsarkitekturen märker man inte mycket av i området, förutom Prora då, och inte heller ser man någon gammal Drabant som rullar omkring på vägarna. Öststatstämpeln vekar vara som borttvättad i den svenska Pommern. Istället är det den medeltida arkitekturen som dominerar, som i Hansa-städerna Stralsund och Greifswald, vilket har gjort att Stralsund blivit listad på UNESCO-världsarvslista.

Speciellt för området är den nordtyska tegelgotiken, med många intressanta exempel som Rådhusfasaden i Stralsund. Både Stralsund och Greifswald har dessutom tre stora medeltida kyrkor var, som skapar en karaktäristisk skyline när man närmar sig städerna. Att romantikerna älskade dessa spetsiga byggnader där månen kunde kasta sitt skuggspel förstår man när man vandrar omkring i de medeltida stadskärnorna en månskenskväll. Det här är ett område som är fyllt med historia och som svensk känner man sig nästan hemma. Svenska Pommern stod under nästan oavbruten svensk kontroll mellan 1648 och 1815 och det finns därför en hel del historiska kopplingar från byggnader uppförda av svenska adelsmän till anekdoter och historier om Karl XII och

Gustav IV Adolfs strapatser i området. Även C.D. Friedrich som vi följer i fotspåren har anknytning till Sverige eftersom han föddes 1774 i Greifswald som då var en svensk besittning. Födelseorten Greifswald finns förstås med bland hans målningar och i vissa fall med det kända månskenet strilande ner över staden

Pommersche Landesmuseum som är placerat i Greifswald visar till och med den 21:e november utställningen "Romantikens födelse" med Casper David Friedrich (1774-1840), Philipp Otto Runge (1777-1810) och Friedrich August von Klinkowström (1778-1835). Tre romantiker som alla har sina födelseorter i regionen. Utställningen innehåller ett 30-tal målningar och grafik och skisser från de tre herrarna. Ett motiv som återkommer bland Friedrich målningar är klosterruinen i Eldena, som inte ligger så långt bort från Greifswald. Det är i den lilla fiskebyn Weick inbäddad bland hundraåriga ekar som man finner de kända klosterruinerna med sina nu tomma fasader som reser sig ur jorden. Och här avslutar vi vår resa en kväll då snabba molnskyar jagar förbi fullmånens bleka sken och höstvindarna prasslar i ekarnas torra blad. Det hänger en spöklik stämning i luften och man skulle nästa kunna tro C.D Friedrich själv smög omkring i mörkret insvept i sin mörka kappa med staffliet under armen i jakt efter nya månskensstråk att fånga på tavelduken.

MAJ 2010

Ruhr där man odlar kol

Som rostiga gamla rymdskepp ligger den stora industrianläggningen med sin rör och skorstenar inbäddad i vårgrönskan, och långt därnere i underjordens mörker ringlar sig ett oöverskådligt system med mil efter mil av tunnlar.

Fram till 1986 transporterades dagligen runt tolvtusen ton kolmalm upp från de kilometer djupa gruvschakten till den stora koltvätt- och sorteringsanläggningen. Idag är det inte malm som transporteras upp från underjorden utan istället en strid ström av turister som tar den långa rulltrappan 24 meter upp i luften till Ruhrmuseets ingång vid kolgruva 12 i Essen. Ett område som sedan 2001 står på UNESCOs världskultur lista.

De gamla industriområden har förvandlast till museum och rekreationsområden där grönskan sprider sig längs nylagda cykelvägar. Vid Kolgruva 12 i Essen har Red Dot Design Museum fått nya lokaler och alldeles bredvid finner man restaurangen Casino Zollverein känd för sin goda mat. Samma sak gäller för Landschaftspark i Druisburg där de gamla stål och kolverken förvandlats till en grönskande publik park med restauranger, utkikstorn, och där de gamla kolbunkrarna har blivit utmanande klätterväggar för alpinister i regionen och gasklockan fyllts med vatten till sportdykarnas förtjusning.

Nej, det går helt enkelt inte att slita sig från den starka industrihistorien som genomsyrar hela området. Bilden av Ruhr som ett industriområde är något som lätt kan bekräftas och förstärkas under besöket, men hur var det då med satsningarna under Kulturhuvudstadsåret?

Ruhr Metropolis som omfattar 54 städer och drygt fem miljoner människor, (ja, det är faktiskt hela detta område som är Kulturhuvudstad 2010 i Tyskland), har ett rikt kulturutbud med en mångfald av teatrar, museum och kulturcentrum. Programmet som man ställt samman till 2010 är också gediget med allt från att spärra av en motorväg och låta människor befolka gatan med olika kulturevenemang till sång- och teaterfestivaler.

Om man i detta stora utbud av kultur väljer att titta närmare på konsten i området så kommer man att hitta några riktiga guldkorn. I Druisburg ligger till exempel Museum Küppermuhle i en gammal kvarn. Museum Küppermuhle består av en stor privat samling med tyskt måleri från efterkrigstiden med konstnärer som Gerhard Richter, Anselm Kiefer, Jörg Immendorf, Georg Baselitz och A.R Penck. Arkitekterna Herzog och de Meuron har av den gamla kvarnen skapat ett ljust museum med stora rum som innehåller riktigt stora målningar, i många fall har man bara en tavla på varje vägg, vilket säger något om formatet på de utställda verken. Nu är det bara en bråkdel av den stora samlingen man kan visa för tillfället, så byggkranarna är i fullfärd med att uppföra en stor vit "container" som ska vila upp på den gamla kvarnens silotorn. Här ska man om något år kunna ta del av ytterligare mästerverk ur samlingen som många betraktas som en av de förnämsta i Tyskland.

I Essen har också byggkranarna fått arbeta för högtryck. Precis i tid till Kulturhuvudstadsåret Ruhr 2010 kunde konstmuseet Folkwang i Essen återinvigas. Det är ett museum som har en sorglig historia, men med ett lyckligt slut. Karl Ernst Osthaus började 1902 samla på internationell avantgardekonst och fransk impressionism. Efter några år hade han byggt upp en betydande samling som den amerikanska konsthistoriken Paul J. Sachs vid ett besök 1932 beskrev som "Världens vackraste museum". Världens vackraste museum föll nu inte nazisterna i smaken, snarare ansåg man att det mesta var skräp, men istället för att förstöra konsten, valde man att sälja runt 1400 verk till utländska samlare på en stor auktion 1937. Efter kriget gjordes ansträngningar att köpa tillbaka konsten, men eftersom försäljningen gått helt lagligt till kunde man inte göra så mycket, och endast ett fåtal av verken från samlingen hittade tillbaka till museet. Vid återinvigningen av museet skapade man därför utställningen "Världens vackraste museum", som består av de främsta verken från den ursprungliga samlingen som man lånat samman från konstmuseum runt om i världen. Besökarna verkar vara medvetna om att det är en historisk utställning de besöker med målningar av Kandinsky, Gauguin, van Gogh, Cézanne och Kirchner. Trots att utställningen har pågått några månader och det är en solig och riktig varm dag i slutet av april är det full med besökare som trängs i utställningshallen.

I Oberhausen alldeles nedanför den stora gasklockan hittar man Ludwig Galleri inrymt i ett 1800-tals slott. Även här är det en stor privat konstsamling som ligger till grunden. Redan under universitetstiden började Peter and Irene Ludwig att samla konst, en samling som idag omfattar tusentals objekt utställda antingen på Ludwig Galleri, på några av museets filialer eller på andra kända museum. Museet har en stor spännvidd i sina utställningar från Picasso och Liechtenstein till mer populärkulturella som serie och barnboksillustrationer. För närvarande pågår dock utställningen "Från kål till cypress" med fokus på landskapsarkitektur och stadsplanering under de senaste tvåhundra åren. Utställningen bekräftar den bild man får från Gasklockans milsvida utsikt att natur och grönska har varit viktiga delar vid planeringen av Ruhrdalens landskap. Det finns här inte bara en stark industritradition utan även en tradition att anlägga grönområden och odla trädgårdar, och kultur kommer som bekant passande nog i sammanhanget från det latinska ordet för att odla.

APRIL 2015

Ett hjärtslag för konsten i Riga

Hjärtslag. Den tunga pulsen från basen får rummet att vibrera. Glödlampans taktfasta sken kastar ett fyrsken genom mörkret och avslöjar tomma ytterrockar som hänger från taket och väggarna är fyllda av svartblanka porträtt. Jag står mitt i Christian Boltanskis installation "Heartbeats" en del av konstsatsningen under Kulturhuvudstadsåret 2014 i Riga. Besökaren kan ta en nummerlapp och ställa sig utanför en vanlig vit dörr och vänta på att deras nummer ska lysas upp på den digitala nummertavlan. Inne i rummet kan man sedan spela in sina hjärtljud som sparas digitalt på en server någonstans på en ö i det japanska havet. För att nå den mörka hjärtkammaren och lyssna på besökarnas hjärtljud passerar man genom ett upplyst fotodraperi med bilden av en pojke. Boltanski har hela sitt liv försökt skydda människor från döden men han har ständigt misslyckats. Material från arkiv, fotografier, dokument och ljus återkommer i hans konstnärskap som ett försök att besvärja döden och rädda människor undan dödens glömska. Boltanskis konstverk fungerar som en viktig ingång för Kulturhuvudstadsåret i Riga. Lettland är ett land med en turbulent historia. Den stora paradgatan genom Riga har de senaste hundra åren haft många namn beroende på vem som styrt landet som Alexandersgatan, Revolutionsgata, Leningatan och Adolf Hitlergatan. Idag heter den Frihetsgatan vilket säger en del om Lettlands historia.

På Art Arsenals konsthall, i våningen under Boltanskis installation hittar man även utställningen *1914*. Som namnet antyder rör de sig konst som på olika sätt behandlar första världskriget. Utställningen är uppdelad i tre olika zoner: Den första zonen handlar om platser och föremål som för alltid har gått förlorade under kriget och som inte går att återskapa. Den andra zonen består av gamla fotografier från Lettands krigsmuseum med bilder av unga soldater och i den tredje zonen hittar man konstverk med ögonvittnesbilder från konstnärer från de nya suveräna staterna som bildades efter kriget som Lettland, Kroatien, Polen, Ungern med flera. Målningar som speglar krigets fruktansvärda sidor med krigsfångar, flyktingar, skadade civila och döda soldater. I utställningen finns verk av bland annat av den lettiska konstnären Jazeps Grosvalds som räknas som viktig representant för modernismen i Lettland. Vid första krigets utbrott beslöt sig Grosvald för att liksom många andra europeiska konstnärer under den här tiden att skildra krigets fasor. Modernismen kom i Europa att fungera som ett viktigt medium för att dokumentera krigets politiska och ekonomiska effekter på samhället.

Under invigning av kulturhuvudstadsåret i Riga bildade runt 15000 människor en bokkedja mellan det gamla och nya nationalbiblioteket och överförde symboliskt böcker mellan de två byggnaderna. Kedjan var en referens till den baltiska kedjan, en enorm mänsklig kedja som arrangerades i augusti 1989 då runt 2 miljoner människor i de baltiska länderna höll varandra i händerna som en manifestation för självständigheten från Sovjetunionen. Nationalbiblioteket tillsammans med ett lands museum fungerar som ett minne över landets historia och bokkedjan binder symboliskt samman det gamla med det nya i landets historia. Bakom det nya nationalbiblioteket står den lettiskfödda amerikanska arkitekten Gunnar Birkerts. Det är en mycket spännande byggnad, med sin organiska böljande form, som har fått namnet "Ljusslottet" och som majestätiskt har placerats på andra sidan av floden Daugava.

Förutom Boltanskis installation är den retrospektiva utställningen med den lettiskfödda konstnären Vija Celmins en av de stora höjdpunkterna under kulturhuvudstadsåret. Celmins familj tvingades fly från Lettland 1944 när Sovjetunionen ockuperade landet. Familjen bosatte sig i USA där hon utbildade sig till konstnär. Celmins målningar handlar inte så mycket om Lettlands historia utan snarare de stora existentiella livsfrågorna. Hennes verk kretsar kring en begränsad motivkrets med natthimmel, havet, öknen och spindelväv. Motiv som är universella, enkla men ändå fulla med symbolik. Utställningen "Double Reality" som äger rum på konstmuseet "Riga Bourse" är den första som arrangerats med Celmins i Lettland och består av ett 50-tal av hennes verk.

Riga är en behändig stad, den får så att säga plats i handen. Det är inte långt att ta sig mellan de olika konstmuseerna eller attraktionerna som ligger inom gångavstånd. Längs din vandring stöter du också på en del offentliga skulpturer och monument främst av kända personligheter eller händelser, som sagt historien ligger hela tiden närvarande under ytan. På paradgatan hittar man det 42 meter höga frihetsmonumentet som uppfördes 1935 till minne av de soldater som dödades under det lettiska självständighetskriget (1918-1920). Lite längre ner på Frihetsgatan i korsningen Brīvības och Elizabetesvägen ligger ett trähus. Det är konstnären Aigars Bikses installation "Monument Wars" som består av fyra monumentala gestalter som växlande stiger ut ur huset och representerar fyra länder (Ryssland, Sverige, Tyskland och Polen) som har styrt över Lettland och på olika sätt lämnat kulturella avtryck i landet: Polen representeras till exempel av Jungfru Maria medan Sverige, lite överraskande av en svart barbiedocka i folkdräkt. Konstnären har antytt att de ska symbolisera det öppna och globala svenska samhället. En bild som de flesta svenskar skulle anse ha blivit naggad i kanten de senaste åren. Det är väl som med all historieskrivning att det hela brukar vara ganska komplext och vilken version man får beror lite på vem man frågar. Aigars Bikses verk visar också på detta. Ett land är aldrig bara en historia, utan består av många olika historier som vävs in i varandra. Precis som konsten säger historien mycket om oss människor och varje individ kan ha sin egen tolkning av historien. Som hjärtslag ekar historien ständigt genom våra minnen, i böckerna, monumenten och konsten och påminner oss om alla de som levde före oss. Det är historien som gör oss levande och har format oss till de människor vi är idag och det är något som konstinslagen under kulturhuvudstadsåret i Riga lyckas fånga in.

MAJ 2014

Rotlöst i Riga

Ta vägen förbi Rigas marknad med sitt myller av människor och varor, passera genom saluhallarna, inrymda i ett par gamla zeppelinhangarer från andra världskriget, lämna doften av färsk frukt och fisk bakom dig och följ floden Daugava några hundra meter västerut så kommer du till Kim? Kim en förkortning av "kas ir māksla?", lettiska för "Vad är konst?" En passande fråga för en organisation som sysslar med samtidskonst. Fram till den 25:e april visar man utställningen "North by Northeast. The deconstruction of the pavilion" med de lettiska konstnärerna Kaspars Podnieks och Kriss Salmanis. Verken i utställningen kommer från den uppmärksammade lettiska paviljongen på Venedigbiennalen 2013.

Det finns många sätt att skapa animerade bilder på. Kriss Salmanis sätt hör nog till de mer otympliga. Det nedre galleriet på Kim? består av stora stålbalkar som upptar hela golvet. På balkarna sitter en elektrisk motor och på själva vridaxeln till motorn ett blädderblock med fotografier av ett träd. Blocket snurrar runt och en liten kamera filmar bilderna underifrån och överför dem sedan till en TV-monitor. På den flimrande bildskärmen kan man se hur trädet rör sig. I Venedig kunde besökarna se det riktiga trädet pendla fram och tillbaka hängande upp och ner i mekanisk anordning i taket.

Verkets titel är en referens till Alfred Hitchcocks spionthriller "North by Northwest" som handlar om ihopblandade identiteter. I filmen blir en oskyldig man jagad av en hemlig spionorganisation och av polisen som tror att han är någon annan. Trädet i animationen kommer från den lettiska landsbygden och kan ses som en metafor för hur människor rycks upp från sin hembygd. Dagens ekonomi och arbetsmarknad kräver en stor rörlighet hos människorna och vi måste pendla mellan olika länder och platser under vår livstid långt från där vi växte upp. Det finns fördelar med denna rörlighet men den kan också leda till en rotlöshet och en identitetskris som i värsta fall kan leda till en groende nationalism och intolerans. Det är denna rörelse som Salamani vill gestalta. Hur vi rör oss mellan olika områden i samhället och tvingas anta nya identiteter för att kunna anpassa oss.

Vill man skapa en egen version av Salmanis animation finns det nu betydligt enklare sätt än konstnärens egen otympliga maskin. I katalogen förklarar Salmanis hur man kan skapa en egen animation i stil med "North by Northeast". Använd t.ex. en smartphone eller en digital kamera. Ta ett 40-tal bilder och använd ditt favoritprogram och skapa en animerade gif genom att sätt ihop bilderna till en animation. Sedan är det bara att gratulera dig själv till att du nu äger ett eget originalverk av Salmanis.

Även Kaspars Podnieks i det övriga galleriet knyter an till den lettiska landsbygden i en serie fotografier av bönder från konstnärens hemtrakter. Det är stora svartvita fotografier med helfigur av en människa som verkar sväva ovanför marken. I bakgrunden ser man bondgårdens gårdsplan. Anledningen till att de verkar svävar ovanför marken är att de gör det. Det är inget Photoshopmontage utan personerna är fotograferade då de hänger i en lång lyftarm flera meter ovanför marken. Det blir lite surrealistisk när dessa gestalter stela som soldater svävar fram över marken. Ännu mer overkligt blir det i de fyra porträtten som också finns som videoloopar, där man i bakgrunden plötsligt ser en ko som leds över gårdsplanen från den ena bilden till den andra. Kon i bakgrunden gör att personen i bilderna plötsligt framstår som väldigt stora och overkliga. Podnieks bilder av den lettiska landsbygden pekar framåt mot de stora förändringar som sker i landet med urbanisering och modernisering. Fotografierna blir en slags andebilder som förutspår hur bönders livsstil sakta håller på att försvinna från landsbygden. Ännu hänger de spöklikt kvar i verkligheten men kommer snart att tona bort och försvinna och allt som kommer att bli är en öde gårdsplan.

AUGUSTI 2010

Från Warszawa med kärlek

Det känns som om Warszawa är en stad i förvandling. En stad som fortfarande balanserar på gränsen mellan öst och väst, men som sakta håller på att tippa över mot väst. Längs de raka breda boulevarderna samsa en ganska tråkig och likriktad öststatsarkitektur med västerländska glasskulpturer som skjuter upp ur jorden med ett löfte om ekonomiska framsteg och förändring. Men än så länge kastar Warszawas högsta byggnad, Kulturpalatset med sina 231 meter sin skugga över stadens skyskrapor. Kulturpalatset var en "gåva" från Stalin till Warszawa på 50-talet, ja, en "gåva" som man fick betala själva och som förmodligen hade rivits ner efter kommunismens fall om det inte hade visat sig blivit för dyrt. Tanken var att byggnaden skulle byggas efter ryska ritningar med arkitekten Lev Rudned lät sig istället inspireras av både amerikanska skyskrapor och polsk arkitektur vilket är anledningen till att det i dag finns en dynamik i byggnaden som gör den både spännande och intressant att titta på.

Något annat som håller på att förändras i Polen är inställningen till HBT-frågor. I juli arrangerade Europride i Warszawa vilket var första gången som den ägde rum i ett östeuropeiskt land. Polen har länge varit känt för sin katolska och konservativa syn när det gäller HBT frågor men det verkar nu som om det håller på att luckras upp. Som uppvärmning inför Europride visade Nationalmuseet i Warszawa en stor utställning med titeln *Ars Homo Erotica*. En utställning där curatorn Pawel Leszkowicz hade samlat 200 konstverk med homoerotiska motiv. Det fanns både äldre verk från museets samlingar som lerkrukor med Sapphomotiv till äldre målningar av Sankt Sebastian, som genom en queerläsning ställdes i dialog med nyproducerade videoverk och installationer från i huvudsak konstnärer från öststaterna. *Ars Homo Erotica* är en intressant och gedigen utställning som visserligen väckte en del diskussioner från konservativa krafter uppe på regeringsnivå när den var på planeringsstadiet, men som också fått positiva reaktioner i media och varit välbesökt. HBT-rörelsen är i Warszawa, jämfört med andra europeiska huvudstäder, än så länge ganska liten och inte speciellt synlig, men förhoppningarna finns att det ska förändras i och med Europride och att frågorna ska komma upp på den politiska agendan.

Förutom Europride präglas Warszawa i år av Chopins närvaro. I år är det nämligen 200 år sedan Frédéric Chopin föddes, eller Fryderyk som man säger i Polen för att markera hans polska tillhörighet. Även om hans far ursprungligen var från Frankrike och han vid 20 års ålder tvingades gå i landsflykt och dog i Frankrike 1849 så är han nästan ett nationellt helgon i Polen. Lagom till jubileet har man därför invigt ett nytt Chopinmuseum i det gamla Ostrogski palatset. En byggnad med ursprung från 1600-talet som totalrenoverats med skimrande plafonder och vita stuckaturer, men Chopin museet är inget traditionell "gå och titta men inte röra museum", utan det är ett museum som genomsyras av musik, teknik och interaktivitet. Här kan man vända notblad och få noterna uppspelade för sig, lyssna på berättelser om föremålen, spela spel och vara interaktiv på olika sätt. På många sätt känns det som ett framtidens museum, hur vi kommer att uppleva historien på nya sätt och med nya tekniker genom att själv vara aktiva i vårt besök. Chopin museet blir därför också en symbol för ett Warszawa i förändring, en traditionsrik och lite konservativ byggnad som håller på att ta steget in i framtiden.

AUGUSTI 2010

Vem är rädd för Sankt Sebastian?

Warszawas Nationalmuseum öppnade den 11 juni en utställning som för några år sedan skulle ha varit omöjlig att genomföra och som även idag kan beskrivas som kontroversiell. Polen har länge varit ett starkt fäste för den katolska kyrkan och synen på homosexualitet i landet kan beskrivas som konservativ och stundtals homofobisk. Att Nationalmuseet, som betraktas som en av de mer konservativa institutionerna i Polen, visar utställning *Ars Homo Erotica* kan därför ses ett tecken på förändring när de gäller de homosexuellas situation i landet. Utställningen är gjord av en den externa curatorn Pawel Leszkowicz och innehåller runt 200 konstverk. Leszkowicz har gjort en queerläsning av Nationalmuseets egna samlingar och ställt dem i dialog med samtida verk av östeuropeiska konstnärer. I nio olika sektioner med teamiska inriktningar kan besökaren ta del av homoerotisk konst från antika skulpturer av nakna män och krukor med Sapfomotiv till Karol Radziszewskis nyproducerade videoverk "Sebastian".

Den kristna martyren Sankt Sebastian har blivit en av 1900-talets stora gayikoner. Myten om den vackra unga mannen som blir avrättad av romarna för att han var kristen, har inspirerat många konstnärer genom åren. Ett av de nio utställningsrummen har därför tillägnats Sankt Sebastian, ett rum med exempel på hur motivet har gestaltats under olika epoker. Men i fokus står Radziszewskis starka och grymma videoverk "Sebastian". Det är en video som visar några soldater som för en ung man genom skogen, i en glänta stannar de och misshandlar honom till döds genom att sparka på honom när han ligger ner. Hans berövas under misshandeln sin kläder och hängs upp i ett träd innan en av soldaterna slutligen sätter en kula i honom. Det är en kort, intensiv och grym film som saknar dialog. Ljudet av de dova sparkarna mot den försvarslösa kroppen biter sig fast i minnet och man kan inte låta bli att dra parallellen till andra verkliga fall där homosexuella och andra avvikande människor har fallit offer för t ex nynazisternas kängor.

Naturligtvis förgicks den här utställningen av en hel del diskussion, som sträckte sig ända upp på riksdagsnivå i Polen, där konservativa krafter ville stoppa utställningen för man tyckte inte det var lämpligt att homosexualitet "marknadsfördes" på landets Nationalmuseum. Men som tur var fanns det ännu starkare krafter som ville visa att Polen var ett tolerant land med en öppen syn på homosexualitet. Ett land som i år är det första östeuropeiska landet som är värd för Europride. En manifestation där runt 50 000 deltagare från hela Europa kommer att delta och gå med i den stora i Pride paraden rakt genom centrala Warszawa för att stödja de homosexuellas rättigheter.

I Sverige har det den senaste tiden också pågått en intensiv diskussion kring konst, homosexualitet och religion. Elisabeth Ohlson Wallin som länge arbetat med homosexualitet och queerfrågor fick till exempel inte visa sin utställning "Jerusalem" på Världskulturmuseet i Göteborg. Redan 1998 blev det debatt kring hennes fotoutställning "Ecco Homo", där kända passager ur Bibeln fotograferades med homosexuella och queerpersoner i huvudrollen. Utställningen "Jerusalem" är en fortsättning på temat religion och homosexualitet. Wallin reste ner till Jerusalem och fotograferade homosexuella personer från de tre stora religionerna islam, kristendomen och judendomen. Fotografierna kommenterades sedan med hjälp av citat ur religiösa texter som fördömde homosexuella handlingar. Ledningen på Världskulturmuseet i Göteborg valde dock att stoppa utställningen, som man sa av hänsyn till religiösa grupper som kunde kända sig utsatta och kränkta av bilderna.

Ett av de starkaste verken i Homo Ars Erotica-utställningen är Tomasz Kawszyns verk "Love" från 2009. Det består av två vita skjortor hopsydda vid bröstet. Skjortorna hänger i en tunn tråd från taket vilket skapar ett lätt, svävande och oskuldsfullt uttryck. Det vilar något skört och sublimt över installationen, men backgrunden är snarare chockerande svart. "Love" är ett verk som handlar om två irakiska tonårspojkar som avrättade i Irak i juli 2005, deras "fruktansvärda" brott mot mänskligheten var att de var homosexuella. Det är i det perspektivet man måste ställa hela debatten om konst och religion. Är det religiösa regelsystem och idéer som vi ska värna om i ett demokratiskt samhälle eller är det individens rättigheter att få säga, tro och vara på ett visst sätt som vi ska försvara? Polen verkar i alla fall tagit några steg framåt för den enskilda och de homosexuellas rättigheter, medan Sverige snarare verkat har tagit ett steg bakåt av rädsla för att stöta sig med religiösa grupperingar. Världskulturmuseet har visserligen gjort en helomvändning i fallet Elisabeth Ohlson Wallin och kommer att visa fotografierna, och naturligtvis kan man alltid försöka limma ihop en värdegrund igen, men de uppkomna sprickorna kan man inte dölja.

OKTOBER 2009

Arkitekturen i Rotterdam

Det är ett typiskt Holländskt landskap från slutet av 1800-talet. Två tredjedelar av målningen består av himmel och den resterande är mark. I förgrunden en väderkvarn och i bakgrunden en stad med låga byggnader och några båtar på en intilliggande kanal. En man till häst är just på väg in mot staden. Tavlan ingår i utställningen "Der Weider Blick" på Rotterdam Kunsthal och målades av Jacob Maris runt 1891. Under min tågresa från flygplatsen Schiphol till Rotterdam kan jag inte låta bli att jämföra landskapet utanför tågfönstret med tavlan på museet. Det typiska holländska landskapet finns fortfarande kvar där dolt under ytan om man plockar bort alla moderna inslag som vägar, skyltar, växthus och kraftledningar.

När jag kliver av tåget vid Rotterdams central är scenariot förändrat. Jag ser ingenting av den låga gemytliga holländska staden utan möts istället av några stora skyskrapor runt en stor byggarbetsplats. Rotterdam är en stad i ständig förändring, där finanskrisen ännu inte verkar påverkat investerarna när det gäller att bygga högt. När jag vandrar genom staden känner jag att det är svårt att få ett grepp om den och det verkar inte heller finnas någon historisk bebyggelse kvar. Förklaringen ligger i att staden förstördes till stora delar under andra världskriget och behovet av bostäder var stort efter kriget, vilket ledde till att man tvingades bygga snabbt och inte alltid så välplanerat.

Här tornar skyskraporna upp sig på bägge sidorna av floden och skapar en skyline värdig en Europeisk stad. Rotterdamborna drar gärna parallellen till Manhattan, och då tänker man inte i första hand på att halvön inhyser Hotell Amerika som var en viktig utgångspunkt för amerikaemigranterna, utan på alla skyskraporna som är byggda och som planeras här. Montevideo med sina 140 meter, byggd 2005 av arkitekturfirman Mecanoo, KPN Tower som är 97 meter hög, byggd år 2000 av arkitekten Renzo Piano, World Port center med sina 124 meter och så vidare. Även den motsatta sidan av floden stoltserar med en mängd höga byggnader i olika stilar. Ja, man ska helt enkelt komma med båt om man ska se Rotterdam från stadens bästa sida, precis som förr i tiden.

Rotterdams hamnområde har haft en utveckling som påminner om många andra Europeiska hamnstäder. En gång i tiden var hamnen stadens ansikte utåt och viktig för handel och kommunikation. Efter hand förflyttades centrumet längre in i staden där man uppförde centrala torg med rådhus, kulturbyggnader och andra administrativa maktbyggnader. Hamnen blev nu i första hand ett industriområde, men strukturomvandlingar i mitten av 1900-talet gjorde att en hel del av industrierna försvann och hamnområdet blev tomt och övergivet. Stora billiga områdena nere vid vattnet lockade investerare som ville utveckla området och precis som hos andra europeiska hamnstäder började staden åter vända sitt ansikte mot vattnet.

Arkitekturen i Rotterdam är spännande och internationellt känd. I Rotterdam arrangerades i år också den fjärde internationella Arkitekturbiennalen, som pågår mellan 25 september och 10 januari 2010. Temat för biennalen är den öppna staden och att bygga samhörighet i stadsrummet. Det är ett innehållsrikt program med seminarier, föreläsningar, publikationer, workshops och utställningar som man får ta del av under några månader.

Är man intresserad av arkitektur ska man naturligtvis även bege sig till NAI Netherlands Architecture Institute som ligger centralt placerat i Rotterdams museum park. Museet är ritat av Jo Coenen och är värt ett besök för sin arkitektur, men akta dig så du inte ramlar ner i en byggrop för Rotterdam är som sagt en stad i ständig förändring.

OKTOBER 2012

Astrup Fearnley museet öppnar

Tjuvholmen. Förr i tiden hängde man tjuvar och mördare här. Idag hänger man istället konst. När de gamla hamnkvarteren nere vid Oslofjorden skulle exploateras fick ett byggbolag köpa marken till ett bra pris av kommun om man som motpresentation byggde ett museum. Resultatet blev Astrup Fearnleys nya museum ritat av den berömda arkitekten Renzo Piano. Precis vid vattnet ligger det karaktäristisk välvda glastaket som knyter samman de tre byggnaderna. En för den permanenta samlingen, en för tillfälliga utställningar och slutligen en för administrationen. Det är inget nytt Guggenheim som Piano har skapat utan en lågmäld byggnad med trä i fasaden som ska åldras värdigt av sol, vind och vatten som ett gammalt hamnmagasin De silverfärgade stålbalkarna med sina vajrar ska associera till segelbåtar som seglar förbi ute på Oslofjorden. Renzo Piano har angett konstmuseet Louisiana som en viktig inspirationskälla. Även där är det snarare samspelet med naturen och den omkringliggande miljön som är det centrala än en djärv nyskapande arkitektur som sticker ut från mängden.

För Renzo Piano är museet snarare en plats än en byggnad. Hit ska man komma för att vandra längs stranden, kanske bada i badviken bredvid museet, strosa omkring i skulpturparken och så klart se på konstutställningar. Tjuvholmen är en helt ny stadsdel i Oslo som förutom museet innehåller hotell, lägenheter, restauranger och många gallerier som har hittat hit och därmed skapat ett nytt naturligt konststråk.

"To Be With Art Is All We Ask" är namnet på premiärutställningen i det nya museet. Det är museidirektören Gunnar B. Kvaran som curerat utställningen utifrån Astrup Fearnleys egna samlingar. Redan vid ingången möter man Takashi Murakami 3-meters flicka, en enorm Mangafigur som fungerar som en introduktion till en utställning där konstnärer som Jeff Koons och Damiens Hirst är de största fixstjärnorna med sin ofta provocerande och sensationssökande neopopstil. Renzo Piano säger att han inte velat bygga någon vit kub, nu är visserligen väggarna vita och golvet i grå betong, men någon kub är det inte. Utan det finns en hel del sneda vinklar, etager och spännande rum där man kan hittta konstverk som Maurizio Cattelans verk "Now" som visar en öppen kista med en död människa i. Även om en stor del av samlingen bygger på konstnärer som skapat en hel del uppmärksamhet under sin karriär, är det lite orättvist att bara fokusera på dessa. Samlingarna innehåller så mycket mer. Bland annat en hel del kända fotografer som Cindy Sherman, Richards Prince och många tyska fotografer som Thomas Struth, Candida Höfer och Thomas Ruff. De senaste åren har museet även köpt in en hel del kinesiska samtidskonst, som fått en egen avdelning i utställningen. Det rör sig främst om videoverk som visa på en rad skärmar längs en korridor av konstnärer som Qui Anxiong, Yang Fudong och Kari Xuan.

Att man valt att öppna med en utställning som bara består av konstverk ur samlingarna beror på att det egentligen är museet som står i fokus. Arkitekturen är det nya konstverket som ska locka besökarna till Astrup Fearnley. Visst har Renzo Piano lyckats skapat en mötesplats för konstpubliken, men det är snarare miljön, stämningen och upplevelsen av vattnet, ljuset, och människorna jag främst kommer ihåg och inte själva arkitekturen. Museet är som sagt ganska lågmält om man t ex jämför med Oslooperans monumentalt vita byggnad längre in i Bjørvika. Men det är som med Louisiana i Danmark, man lär inte besöka Astrup Fearnley bara för att se på konst utan lika mycket för att vandra i skulpturparken, njuta av solen, vinden och vattnet. För egentligen är det ganska tråkig med museum som bara består av en byggnad för konst. Det är något som Renzo Piano har insett och tagit fasta på. Konsten är bara en del av en lyckad konstupplevelse, miljön, människorna och omgivningen är minst lika viktig.

APRIL 2015

En obelisk vid Ångermanälvens strand

Jag växte upp i skuggan av ett svalltorn. Som en grå betongobelisk speglade den sig i Ångermanälvens blanka yta. Om man stod nere vid stranden och tittade upp mot de stängda metalluckorna kunde man känna en rysning genom kroppen. Tanken på att luckorna när som helst kunde öppnas och ett gigantiskt vattenfall skulle kastade sig över mig och svepte ner mig i djupet var skrämmande, men det hände aldrig. Det finns ett vykort som visar hur vattnet forsar ur luckorna och träffar de nakna klipporna nedanför innan det i en romantisk dimridå rinner ut i älven. Det är egentligen inte så konstigt att vykortet dyker upp på en polsk hemsida om vattenfall i Sverige. Bland vykort av Storforsen, Ristafallet och Tannforsen hittar man också "Svalltorn, Ådalen". Det som egentligen skiljer motiven åt är att berget har ersatts av ett artificiellt cementtorn annars är den vackra omgivande naturen och vattnets våldsamma och fascinerande framfart densamma. Det måste ha varit en fantastisk upplevelse att få se hur vattnet kastades ut från detta höga torn. Kanske är det bara ett utslag av hembygdsromantik som gjort att byggnaden fastnat i mitt minne eller finns det andra estetiska kvalitéer?

Ett svalltorn påminner om ett vattentorn, men istället för att trycka ut vatten i ledningarna fungerar det som en säkerhetsventil som rinner över om trycket i vattentunnlarna under skulle bli för högt. Svalltornet ligger i den lilla orten

Dynäs i Kramfors kommun i Västernorrlands län och är en av de få synliga delarna av Ådalstunneln ett stor infrastrukturprojekt bestående av en 14 kilometer lång sötvattentunnel som börjades bygga 1961 och som stod färdig 1964.

I mitten av 1800-talet blomstrade träindustrin i Ådalen. Skogens gröna guld skapade en högkonjunktur som varade mellan 1860 och 1940 och som mest fanns här ett femtiotal sågverk och ett tiotal massaindustrier. Timret fälldes i skogarna och flottades sedan ner längs Ångermanälvens naturliga vattenvägar ner till Sandslån där världens största sorteringsverk för timmer låg. Det lokala uttrycket: "Vart man än såg så såg man såg vid såg." är en anspelning på alla de sågverk som en gång i tiden fanns längs Ångermanälvens stränder. Förutom brädor framställde man även pappersmassa av timret men för att producera pappersmassa av hög kvalité krävs god tillgång till sötvatten. Problemet var att alla fabrikerna låg vid bräckt vatten, det vill säga när sötvatten från Ångermanälven blandades med det salta vattnet från havet blev det bräckt och skapade problem med bland annat korrosion för industrin. För att tillfredsställa den växande massaindustrins behov av sötvatten började man bygga Ådalstunneln. I Hammar en bit in i Ångermanälvens arm byggde man ett pumphus där sötvatten togs in och genom en lång tunnel i berget ledde man sedan vattnet till fabriken i Väja, sedan vidare till Sandvikens fabrik och slutligen till massafabriken i Kramfors. Från början var det tänkt att tunneln skulle sträcka sig ytterligare någon mil ner till fabrikerna i Svanö och Nensjö, men innan man kommit så lång i planeringen lades fabrikerna ner, som en olycksbådande förutsägelse om vad som var på gång att hända i Ådalen.

Tunnelprojektet påbörjades i en tid då efterfrågan på pappersmassa fortfarande var stor och det fanns en stor framtidsoptimism i Sverige. Men redan under sextiotalet minskade efterfrågan och allt högre miljökrav på de slitna fabrikerna gjorde att de började bli olönsamma för ägarna. I slutet av sjuttiotalet lades Sandviken och Kramfors fabrik ner och kvar blev bara Väjafabriken som än idag är i produktion. Tunneln vars dimensioner varierade mellan 10 och 4 kvadratmeter hade en max kapacitet på 10 kubikmeter vatten i sekunden. Behovet vid byggandet räknades vara runt 4 kubik i sekunden, men man trodde att det fanns ett framtida behov på 7 kubik. Idag använder Väjafabriken runt 0.5 kubikmeter vatten från tunneln för sin produktion. Det var nu inte första eller sista gången som ett stort byggprojekt som man satsade på för att gynna industrin i landsbygden i slutändan visade sig bli en dyr affär för staten och kommunen när ägarna flyttade eller la ner verksamheten på grund av olönsamhet. I ett riksdagsprotokoll från 1973 uttrycker VPK:aren herr Lorentzon sin besvikelse över ägarnas agerande: "Hur var det med Ådalstunneln, där man inspirerade statliga och kommunala myndigheter att satsa 49 miljoner kronor i en sötvattenstunnel? När denna är klar, har SCA ingenting kvar i bygden. Alla företag är borta."

Även om projektet som industrisatsning kan anses som misslyckat är det ändå ett intressant utslag för svensk ingenjörskonst. De mesta av arbetet utfördes av beredskapsjobbare under vintertid vilket skapade en hel del sysselsättning i kommunen. Man arbetade från två olika håll och i genomsnitt lyckades man ta sig 100 meter framåt i månaden. Några större bekymmer att bygga tunneln verkar inte ha förekommit då berget var av god kvalité och inga större förstärkningsarbeten krävdes. Den mest krävande delen var passagen under Bollstafjärden som byggdes på 90 meters djup, den del av tunneln där svalltornet står.

Som projektledare och arkitekter för bygget stod VBB (AB Vattenbyggnadsbyrån) ett konsultföretag i Stockholm som grundats redan 1897 och som specialiserat sig på infrastruktur och vattenbyggnad. VBB är kanske mest känd för vattentornet *Svampen* i Örebro som ritades av arkitekten Sune Lindström och som invigdes 1958. Vattentornet i Örebro hade förmodligen inte gått till arkitekturhistorien om det inte var för att Saudiarabiens prins Faisal bin Abdul Aziz i en katalog hade sett vattentornet i Örebro och beställ en kopia som var 33% större och som 1971 uppfördes i huvudstaden Riyadh. Redan 1965 hade VBB inlett ett samarbete med Kuwait för att skapa ett nytt vattenförsörjningssystem för Kuwait City där man också uppförde flera svampvattentorn som liknade det i Örebro. Frågan är förstås om Svalltornet i Dynäs på något sätt påminner om vattentornet i Örebro eller vattenprojektet i Kuwait?

Det finns ingen namngiven arkitekt för svalltornet i Dynäs men arkitekturen är ganska tidstypiskt för vattentorn från 1960-talet. De första vattentornen i Sverige byggdes inne i städerna ofta i tegel och i en historiserad stil inspirerad av gamla Vasaborgar, medeltidstorn eller kyrkotorn. Ofta anlitades kända arkitekter som i Trelleborg där Ivar Tengbom ritade det centralt belägna vattentornet som invigdes 1912. Under 60-talet ökade behovet av vattentorn men nu förlades de istället utanför stadskärnan och det fanns inte längre något behov av ett förskönade yttre. Istället var det snarare ingenjörer än arkitekter som utformade tornen och i tidens anda var tornen massproducerade och funktionella precis som husen i miljonprogrammet. Svalltornet består därför av en kantig cylinder i grå betong utan utsmyckning och saknar den elegans som vattentornet i Örebro har. Arkitekturen är enkel och funktionell. En intressant detalj är de manshöga fönster som löper som ett band runt toppen av tornet och ger en panoramautsikt över älven och landskapet. Att vattentorn som det i Örebro hade restauranger och utsiktspunkter var inte ovanligt och de blev i många fall turistmål med många besökare efter invigningen. Svalltornet ligger däremot avsides och är inte tänkt att fungera som besöksmål eller att vara en byggnad öppen för allmänheten. Så utsikten kan bara ha varit för eventuella teknisk personal. Fönstren skapar naturligtvis en öppnare avslutning på tornet och med tanke på placeringen på en klippa vid älven påminner den lite om ett fyrtorn med sin glasade topp. Byggnadens enkla och strama arkitektur ger ett skulpturalt intryck och eftersom den reser sig som en solitär vid vattnet kan man också likna den vid en modernistisk obelisk.

En drivande kraft bakom byggandet av Ådalstunneln var Herbert Höglund. Han var vid tiden ordförande i kommunfullmäktige i Kramfors. Hans insats har förärats med en fontän i Kramforsån som ortsbefolkningen kallar "Herberts stråle". Vattnet till fontänen hämtas från den sötvattentunneln som går djupt under staden på väg mot den nu rivna massafabriken i Kramfors. Höglund var inte bara driftig när det gällde kommunens industriverksamhet utan även intresserad av konst. Höglund satt som ordförande i den konstnämnd som bildades i kommunen 1948 och under åren gjordes en hel del inköp som nu utgör kommunens konstsamling med verk av till exempel X-et Erixson, Stellan Mörner och Birger Lundqvist.

Sedan 1920 och 30-talets strejker och konflikter mellan arbetar och fabriksägare som nådde sin kulmen 1931 med de tragiska och dramatiska skotten i Lunde då en demonstration av arbetare blev beskjutna av militär och fem personer omkom, har begreppet röda Ådalen präglat trakten. Det lockade naturligtvis en del konstnärer med socialistisk ådra att besöka staden. Den kända arbetarmålaren Albin Amelin gjorde 1937 oljemålning "Arkebuseringen" där man i förgrunden ser soldaterna som öppnar eld mot demonstranterna i Lunde. När Kramfors blev stad 1947 bjöd man in Amelin för att skapa ett beställningsverk till staden. Amelin stannade i staden ett par månander men var inte riktigt i form så arbetet drog ut på tiden. Slutligen kunde i alla fall tavlan avtecknas med motivet "Demonstrationståg" (1947). På tavlan ser man demonstrationståget på väg mot Lunde. En annan tavla från samma tid visar "Strejkmöte i Gudmundrå kyrka" (1948). I maj 1945 hade också en konstförening bildats i Kramfors och Amelins vistelse verkar ha lockat andra kända konstnärer till bygden. Förutom Amelin ställde konstföreningen 1948 ut Sven X:et Erixon och Siri Derkert.

Med tanke på Höglunds konstintresse och att en hel del etablerade konstnärer redan hade besökt staden så skulle man tänka sig att detta jätteprojekt skulle ramas in av offentliga konstverk på olika sätt. Om det beror på att större delen av bygget låg under jord och inte var publikt eller brist på pengar så är det bara i pumphuset i Hammar man hittar en konstnärlig utsmyckning. Efter invigningen blev pumphuset i Hammar lite av ett turistmål dit skolklasser åkte på utflykt men står idag knappast på turistbyråns lista över utflyktsmål. I entréhallen skapade konstnären Pierre Olofsson i alla fall en stor väggmålning i sgraffitio-teknik. Det är en teknik som består av puts i olika färger där man sedan skrapar och ristar fram motivet på väggen. Olofsson hade 1947 deltagit i utställningen "Ung konst" på Stockholmsgalleriet Färg och Form. Deltagarna har gått till konsthistorien som "1947 års män" och utställningen betraktas som den konkreta konstens genombrott i Sverige. Bland utställarna fanns förutom Pierre Olofsson många kända namn som Lennart Rodhe, Olle Bonniér, Karl Axel Pehrson, Randi Fisher och Lage Lindell. Förutom uppdraget i Hammar hade Olofsson tidigare blivit anlitad för att skapa andra offentliga utsmyckningar på läroverk, inom gruvindustrin (LKAB) och till vattenkraftverk.

Någon titel verkar inte väggmålningen i Hammar ha. Verket påminner om en kartbild över en skärgård med öar, vikar och landtungor. Att det skulle finnas någon förlaga till Ångermanälvens topgrafi är svårt att se. På kartan hittar man många olika mystiska symboler som dåtidens fabriks- och skogsarbetare enkelt kunde tolka men som verkar kryptiska för dagens betraktare. Man ser en svart fågel, som förmodligen är den kråka som återfinns i Kramfors stadsvapen. Det finns även en hel del olika märken från stämpelyxor i målningen. För att respektive skogsägare skulle veta vilken stock som tillhörde vem efter avverkningen stämplades varje stock med ägarens speciella märke. På målningen hittar man också ord som SCA och NCB som var de stora skogsbolagen och ägarna av fabrikerna. Här finns även ordet sulphite som förknippas med massaindustrin. Olofsson har i sin målning velat fånga bygdens historia och samtid där papperstillverkning och sågverk varit grunden för tillväxt och framgång. Även om ambitionen var att hylla bygden och dess arbetar så kan man så här i efterhand se målningen mer som ett bokslut över en avslutad epok än en lovande framtidsvison. För efter 1960-talet tappade Ådalen snabbt konkurranskraft och de flesta sågverk och fabriker stängdes och förvandlade bygden som så många andra industriorter till en utflyttningsort.

Men när tunneln invigdes på hösten 1964 efter att både ha hållit tidsplan och budget så var framtidstron fortfarande stor. Invigningen uppmärksammade i de stora dagstidningarna som Dagens Nyheter, Svenska Dagbladet och Expressen och det fanns en stolthet att vi i Sverige hade byggt Skandinaviens största sötvattentunnel. Idag står ett ensamt svalltorn kvar vid Ångermanälvens strand som ett minnesmärke över en försvunnen industriepok. Som en obelisk i öknen vittnar Svalltornet om att här låg en gång i tiden ett spirande industrisamhälle och vart man än såg så såg man såg vid såg.

www.ingramcontent.com/pod-product-compliance
Lightning Source LLC
Chambersburg PA
CBHW020450220526
45464CB00002B/933